3557/1998

Herausgegeben vom
Auswertungs- und Informationsdienst
für Ernährung, Landwirtschaft
und Forsten (aid) e.V.
Konstantinstraße 124
53179 Bonn
Internet: http://www.aid.de
E-Mail: aid@aid.de
mit Förderung durch das
Bundesministerium für Ernährung,
Landwirtschaft und Forsten.
Die inhaltliche Gesamtverantwortung
liegt – unbeschadet möglicher
Kooperationen – allein beim aid

Begleitheft zur gleichnamigen Diaserie
mit der Bestell-Nr. 7175
(ISBN 3-89661-777-X)

Text:
Dr. Werner Mühlen,
Landschaftskammer Westfalen-Lippe,
Institut für Pflanzenschutz, Saatgutunter-
suchung und Bienenkunde,
Nevinghoff 40, 48147 Münster

Redaktion:
Dipl.-Ing. agr. Wilfried Henke, aid

Bilder:
aid, Meyer: Titel;
Fockenberg: 1, 4a, 4b, 4c,9, 10, 14, 31,
35b, 42, 46;
Jacobi: 5, 6, 7, 16, 17, 20, 22, 23, 26, 27
33, 34, 35, 48;
Kock: 36;
Leymann: 19, 41, 43, 45;
Mühlen: 2, 3, 8, 11, 12, 13, 15, 18, 21, 24a,
24b, 24c, 24d, 25, 28, 29, 30, 32, 37, 38,
39, 40, 44, 47

Gestaltung:
Graphik Rolf Schirmbeck,
53340 Meckenheim

Druck:
Druckservice Duske, 53757 St. Augustin

Verkauf:
aid-Diaserie gegen DM 84,– Schutzgebühr

Nachdruck – auch auszugsweise – sowie
Weitergabe mit Zusätzen, Aufdrucken
oder Aufklebern nur mit Genehmigung
des Herausgebers gestattet.

ISBN 3-89661-730-3

Inhalt

Verzeichnis Diapositive	4
Einleitung	6
Schutz der Bienen und Wespen ist Biotopschutz	8
Lebensweise der „Wildbienen"	12
Solitär lebende Wildbienen (Einsiedlerbienen)	
Sozial lebende Wildbienen (Hummeln)	20
◆ Lebenszyklus der Dunklen Erdhummel	22
Gegenspieler der Wildbienen	27
Sichwortverzeichnis:	
◆ Sichwort 1: Systematik der Hautflügler	30
◆ Sichwort 2: Biene oder Wespe, wo liegt der Unterschied	32
◆ Sichwort 3: Aufbau des Mauerbienennestes	33
◆ Sichwort 4: Methoden des Pollen-Sammelns	34
◆ Sichwort 5: Die wichtigsten Merkmale der Hummeln	36
◆ Sichwort 6: Die wichtigsten Merkmale der Wespen	37
Lebensweise der Wespen	41
Sozial lebende Faltenwespen	
◆ Jahreszyklus der Hornisse	45
Ökologische Bedeutung der Faltenwespen	47
Vom Verhalten gegenüber Wespen an Kaffeetafel und im Nestbereich	49
Nisthilfen	51
◆ Nisthilfen für Wildbienen	51
◆ Nisthilfen für Bewohner vorhandener Nestgänge	51
◆ Nisthilfen für Bewohner von Steilwänden	53
◆ Grundsätzliches zum Anbieten von Nisthilfen	53
◆ Nisthilfen für Hummeln	54
„Eine Landschaft ohne Bienen ist eine Landschaft ohne Blumen!"	57
Bienenschutz und Pflanzenschutz	60
Bezugsquellen für Nisthilfen	61
Literatur	62
aid-Medien	63

Verzeichnis Diapositive

Dia 1: Die Sandbiene *Andrena fulva* auf Kinderfinger ruhend
Dia 2: Die Königin des Honigbienenvolkes auf einer Wabe, umringt von Arbeitsbienen
Dia 3: Männchen der Roten Mauerbiene *(Osmia bicornis)* an Nisthilfe auf den Schlupf der Weibchen wartend
Dia 4: Das Nest der Roten Mauerbiene:
a) Eizellen
b) Larven
c) Puppen
Dia 5: Die Lehmgrube der Roten Mauerbiene *(Osmia bicornis)*
Dia 6: Maskenbiene *(Hylaeus spec.)* Nektartropfen eindickend
Dia 7: Wollbiene *(Atnhidium manicatum)* auf einem Blatt ruhend
Dia 8: Gelbfüßige Sandbiene *(Andrena flavipes)* auf Blatt ruhend
Dia 9: Die Paarung der Weiden-Seidenbiene *(Colletes cunicularius)*
Dia 10: Die Kuckucks-Biene *(Sphecodes albilabris)* am Nest der Weiden-Seidenbiene *(Colletes cunicularius)*
Dia 11: Erdhummel *(Bombus terrestris)* Blütenstaub sammelnd in einer Stockrosenblüte
Dia 12: Der Beginn eines Hummelnestes
Dia 13: Geöffnete Brutkammer mit kleinen Erdhummel-Larven
Dia 14: Das Hummelnest auf dem Zenit seiner Entwicklung
Dia 15: Die Königin der Ackerhummel *(Bombus pascuorum)* an der Blüte einer Roten Taubnessel
Dia 16: Nektarraub: Erdhummel *(Bombus terrestris)* an Beinwell
Dia 17: Steinhummel *(Bombus lapidarius)* am Rotklee
Dia 18: Baumhummelkönigin *(Bombus hypnorum)* vor ihrem Nest in einem Vogelnistkasten
Dia 19: Die Schlupfwespe *(Ephialtes manifestator)* bei der Eiablage an einer Wildbienen-Nisthilfe
Dia 20: Die Gemeine Goldwespe *(Chrysis ignata)* paratisiert Wildbienenbrut
Dia 21: Krabbenspinne erbeutet Wildbiene beim Blütenbesuch
Dia 22: Der Bienenwolf *(Philanthus triangulum)* lähmt erbeutete Honigbiene mit einem Stich
Dia 23: Bienenwolf *(Philanthus triangulum)* transportiert erbeutete Honigbiene zum Nest

Dia 24: Unterscheidung der wichtigsten Faltenwespen anhand ihrer Gesichtszeichnung:
a) Gemeine Wespe *(Paravespula vulgaris)*
b) Deutsche Wespe *(Paravespula germanica)*
c) Sächsische Wespe *(Dolichovespula saxonica)*
d) Hornisse *(Vespa crabro)*
Dia 25: Wespenkönigin überwintert in Wildbienen-Nisthilfe
Dia 26: Wespenarbeiterin sammelt Baumaterial für das Nest
Dia 27: Arbeiterin der Gemeinen Wespe *(Paravespula germanica)* beim Bau des Papiernestes
Dia 28: Das freihängende Nest der Sächsischen Wespe *(Dolichovespula saxonica)*
Dia 29: Blick in den Wabenbau der Sächsischen Wespe *(Dolichovespula saxonica)*
Dia 30: Portrait der Hornisse *(Vespa crabro)*
Dia 31: Hornissenkönigin an kleinem Nest
Dia 32: Hornissennest im Vogelkasten
Dia 33: Gesundheitspolizei unter den Insekten: Wespe an verendetem Maulwurf
Dia 34: Regulatoren im Naturhaushalt: Wespe beim Zerlegen der erbeuteten Schnake
Dia 35: a) Lehmwespe trägt erbeutete Schmetterlingsraupe ein
b) Das Nest der Lehmwespe
Dia 36: Wespe an Pflaumenkuchen naschend
Dia 37: Verschiedene Nisthilfen
Dia 38: Nisthifen für Hummeln
Dia 39: Naturnaher Garten: Lebensraum für Stechimmem
Dia 40: Abgestorbener Baum: Ökologisches Gold
Dia 41: Riesenholzwespe *(Urocerus gigas)* auf einem Fichtenstamm
Dia 42: Erdhummel *(Bombus terrestris)* an Silberlindenblüte
Dia 43: Kein Garten für Stechimmen
Dia 44: Gefüllte Blüte der Japanischen Zierkirsche
Dia 45: Der Bienengarten der Universität Bielefeld
Dia 46: Sandhang im Naturschutzgebiet „Rütterberg Nord"
Dia 47: Pflanzenschutzmaßnahme im Raps
Dia 48: Wollbiene schlafend in Blüte

Einleitung

Die Hautflügler (Ordnung Hymenoptera) nehmen in der Klasse der Insekten (Insecta) eine Sonderstellung ein. In der Bevölkerung sind neben den Ameisen sicher die sozial lebenden Faltenwespen und die Honigbienen die bekanntesten Vertreter dieser Insektenordnung. Leben alle Arten der Ameisen ausschließlich sozial oder parasitisch, so finden sich bei Wespen und Bienen neben den hochorganisierten Insektenstaaten auch einzeln lebende Arten.

Bienen (Überfamilie Apoidea) haben sich im Laufe der Stammesgeschichte auf Blütenstaub als Eiweißnahrung spezialisiert und sind reine Pflanzenfresser. "Ganz nebenbei" bestäuben sie durch ihre Sammeltätigkeit die Blütenpflanzen und sichern so deren Samen- und Fruchtbildung. Ihren Energiebedarf decken sie fast ausschließlich über den zuckerhaltigen Nektar der Blütenpflanzen. Vor allem die Honigbienen bedienen sich noch an den zuckerhaltigen Ausscheidungen verschiedener Blattlausarten. Dieser "Honigtau" ist Grundlage der Waldhonige.

Bienen stehen an der Basis der Nahrungspyramide. Sie sichern durch ihre Bestäubungstätigkeit die Nahrungsgrundlagen vieler Tiere.

Ferner sind viele Wildkräuter auf die Bestäubung durch bestimmte Wildbienenarten angewiesen. Fehlen die Bestäuber, haben auch diese Pflanzen keine Fortpflanzungsmöglichkeiten und würden mit ihren Bestäubern aus unserer Umwelt verschwinden. In kalten und nassen Frühjahren sind Hummeln aufgrund ihrer Fähigkeit, auch bei Temperaturen unter 10 °C zu fliegen, oft die einzigen Bestäuber frühblühender Apfelsorten. Sie ersetzen hier die Honigbienen, welche erst bei Temperaturen über 12 °C zu Sammelflügen starten.

Bienen bilden daher das Rückgrat vieler Lebensgemeinschaften und besitzen für die terrestrischen Ökosysteme eine entscheidende Schlüsselfunktion.

Dieser Bedeutung Rechnung tragend, hat der Gesetzgeber die gesamte Gruppe der Bienen (Überfamilie Apoidea) unter Naturschutz gestellt (Bundesartenschutzverordnung vom 18. September 1989). Es ist grundsätzlich verboten, "Bienen" zu fangen, zu töten oder ihre Nester zu beschädigen (§20 NatSchG).

Im Laufe der Stammesgeschichte haben sich zwischen insektenblütigen Pflanzen und den sie bestäubenden Insekten in einer parallel verlaufenden Entwicklung (Coevolution) enge Wechselbeziehungen und Anpassungen entwickelt. Heute ist die Bestäuber-Blüten-Beziehung (Blütenökologie) eines der interessantesten Gebiete der Biologie.

Ganz anders verhält es sich bei den fleischfressenden Familien der Hautflügler, den Wespen im weiteren Sinne. Wespen sind zur Deckung ihres Energiebedarfs nicht so wählerisch wie die Bienen. Neben Nektar nehmen sie auch jede andere süße Flüssigkeit auf. So findet man sie häufig an überreifen Früchten, auf süßem Kuchenbelag oder an gärenden Säften. Wespen leben meist räuberisch. Sie erbeuten mit Hilfe ihres Stachels Insekten, Spinnen oder andere Kleintiere und sichern so hierüber ihren Eiweißbedarf für die Aufzucht ihrer Brut. Der Nutzen dieser Insektengruppe für den Menschen liegt auf der Hand, auch wenn er uns nicht wie bei der Bestäubungsleistung der Bienen sofort ins Auge springt: Wespen sind ein wichtiges Regulativ, sind wichtige Gegenspieler für eine ausgewogene Artenzusammensetzung. Ferner vertilgen vor allem die "lästigen Wespenarten" (Deutsche und Gemeine Wespe) Aas. Diese Wespenarten können daher als die Gesundheitspolizei unter den Insekten angesehen werden.

Aber warum muß immer nach dem Nutzen gefragt werden, wenn es um den Schutz und um die Bedeutung einer Tiergruppe geht? Wir Menschen müssen lernen, daß in der Naturschutzarbeit nicht die subjektive Wertung entscheidend ist. Nein, es geht darum, soviel Natur wie möglich zu bewahren und ihr - ohne Wertung durch den Menschen - Entfaltungsmöglichkeiten zu gewähren.

Die vorliegende Diaserie und das Begleitheft möchten Interesse für Bienen, Wespen und Hornissen wecken und dazu beitragen, daß durch mehr Wissen über diese Tiergruppe auch die Angst vor ihr schwindet und die Toleranz wächst.

Schutz der Bienen und Wespen ist Biotopschutz

Die Sandbiene *(Andrena fulva)* auf Kinderfinger ruhend

Naturschutzarbeit darf sich nicht auf die Hege und Pflege einiger weniger, für den Menschen vermeintlich attraktiver Tier- und Pflanzenarten beschränken, sondern die Gesamtheit aller in unserer Umwelt lebenden Arten bedarf unserer Aufmerksamkeit. Langfristig ist ein Erhalt der heimischen Tier- und Pflanzenwelt nur durch den umfassenden Schutz landschaftstypischer Biotope denkbar. „Stechimmenschutz" ist für diese Interpretation sinnvoller Naturschutzarbeit ein exzellentes Beispiel, da diese Insektengruppe nur über den Erhalt und die Entwicklung natürlicher und naturnaher Lebensräume nachhaltig geschützt werden kann. Kinder und Jugendliche finden über die Beobachtung von Nestkolonien oder die Fertigung von Nisthilfen wie selbstverständlich Zugang zu ökologischen Zusammenhängen.

Das Bild zeigt ein Sandbienenweibchen *(Andrena fulva)*. Diese Einsiedlerbiene hat Blütenstaub für die Versorgung ihrer Brutzellen in speziellen Haaren der Hinterbeine gesammelt. Sie ist mit ihrer rostroten Behaarung einer Hummel nicht unähnlich. Ihre Nestanlagen sind im Frühjahr häufig in wenig bewachsenem Boden auch im Siedlungsbereich zu finden.

Die Königin des Honigbienen-Volkes auf einer Wabe, umringt von Arbeitsbienen

Es mag verwundern, im Rahmen einer Broschüre zum Schutz von Wildinsekten über Honigbienen zu sprechen. Doch die Honigbiene *(Apis mellifera)* gehört wie Wildbienen und Wespen zu unserer heimischen Fauna. Als vor etwa 10 000 Jahren nach Ende der Würmeiszeit die Temperaturen in Europa wieder anstiegen, wanderten die Honigbienen aus den Mittelmeergebieten nach Nordeuropa ein (Ruttner 1992). Sie besiedelten die ausgedehnten Wälder und nutzten Höhlen in den Bäumen als Schutz für ihren Wabenbau.

Vom Menschen wurden sie früh als Lieferant wertvoller Naturstoffe geschätzt. Honig war der einzige Süßstoff und Bienenwachs u.a. zur Herstellung von Kerzen unentbehrlich.

Das Volk der Honigbiene ist "potentiell unsterblich". Nach dem Tode der Stockmutter übernimmt eine ihrer Töchter das Volk, den Wabenbau, die Vorräte, so daß theoretisch über viele Jahre hinweg ein Bienenvolk mit wechselnder "Regentschaft" an einem festen Ort überleben kann. Die umfangreichen Pollen- und Honigvorräte dienen dem Volk dazu, die unwirtliche Winterzeit zu überleben. In der Wintertraube überdauern etwa 10 000 bis 15 000 Bienen die trachtlose Jahreszeit. Im Laufe des Frühjahrs bauen die Bienen sodann ein Volk von mehr als 40 000 Individuen auf (höhere Zahlen entsprechen nicht neuesten Zählungen).

Die Honigbiene ist die einzige blütenbestäubende Insektenart unserer heimischen Fauna, welche als individuenreiches Volk überwintert. Im Frühjahr sterben die langlebigen Winterbienen, ein neues Volk wird aufgebaut und die Königin legt nun jeden Tag mehr als 2 000 Eier. Blütenstaub und Nektar müssen von den Arbeiterinnen in Mengen herbeigeschafft werden, denn auch die Wintervorräte sind aufgezehrt. Das Bienenvolk ist zu dieser Zeit auf sogenannte "Massentrachten" angewiesen. Obstgehölze, Weiden oder Weißdornhecken bieten ihm diese Nahrungsfülle. Aber auch diese Pflanzen können nur deshalb im zeitigen Frühjahr blühen, weil Honigbienen als Bestäuber zur Verfügung stehen. Hier zeigt sich die wechselseitige ökologische Abhängigkeit von Blütenpflanze und Bestäuber. Für die "Massentrachten" im zeitigen Frühjahr ist die Honigbiene aus blütenökologischer Sicht der "angepaßte Bestäuber".

Als Spezialist für "Massentrachten" zeigt die Honigbiene ganz besondere Anpassungen an den Nahrungserwerb. Von einem festen Standort aus (Nistplatz) befliegt die Honigbiene, bei einem Flugradius von etwa 3 km, ein Sammelareal von mehr als 2 85 km^2.

Doch werden nur die Trachten in unmittelbarer Umgebung (1-2 km) des Stockes wirklich effektiv genutzt. Je weiter die Biene fliegen muß, umso mehr verbraucht sie den gesammelten Nektar wieder als Flugbenzin.

Im Sammelgebiet nutzt sie ausschließlich jene Nahrungspflanzen (Trachten), die ihr ausreichend Nektar und Pollen liefern. Mit Hilfe der Tanzsprache informieren sich die Sammlerinnen eines Bienenvolkes über die ergiebigsten Trachten in der Umgebung des Stockes. Die Sammelenergie eines Volkes kann so auf die besten Nahrungsquellen fokussiert werden. Wenig ergiebige Trachten werden nicht beflogen. Die Honigbiene ist aufgrund ihrer Sinnesleistungen und aufgrund eines hochentwickelten Lernvermögens in der Lage, sich u.a. an Düften, Farben und Formen der Blütenpflanzen zu orientieren und selbst komplizierte Verschlußmechanismen zu öffnen (z.B. Ginster oder Frauenflachs); (näheres s. Barth 1982, Hess 1983, v. Frisch 1993, Lindauer 1975 und Seeley 1997).

Die Lebensweise der Honigbiene ist einzigartig, und nicht allein deshalb übt sie auf uns eine derartige Faszination aus. Wildlebende Honigbienenvölker sind auf ein lückenloses und reichhaltiges "Trachtfließband" vom zeitigen Frühjahr bis in den Spätsommer angewiesen, damit sie für die Überwinterung genügend Vorräte anlegen können. Ferner brauchen Honigbienenvölker große und geräumige Nisthöhlen, vorzugsweise in alten Bäumen. Beides ist Mangelware geworden. Die Honigbiene kann daher als wildlebendes Insekt in unseren Breiten als ausgestorben gelten.

Bienenhaltung muß zukünftig verstärkt ökologische Erfordernisse berücksichtigen. So muß die Dichte der Bienenvölker dem Standort angepaßt sein, um einerseits ausreichend Bestäuber bereitzustellen, andererseits aber auch die biologischen Bedürfnisse der Wildbienen nicht zu beeinträchtigen. Das Ziel ist eine flächendeckende, dem jeweiligen Standort gerecht werdende Bienenhaltung mit vielen, aber kleinen Bienenständen. Der Imkerschaft kommt somit durch Praktizierung einer **umweltverträglichen** und **standortgerechten** Bienenhaltung eine wichtige Aufgabe zum Erhalt der Honigbiene zu.

Das Bild zeigt eine Bienenkönigin auf neuem Wabenbau, umringt von ihren Arbeiterinnen. Imker kennzeichnen die Königin individuell, auch, um die Tiere im scheinbaren „Durcheinander" des Volkes schnell ausfindig machen zu können. Die Bienenwabe besteht ausschließlich aus Bienenwachs, welches aus Drüsen des Hinterleibs abgesondert und zu regelmäßigen, sechseckigen Wabenzellen verarbeitet wird. Die Bienenwabe steht im Gegensatz zu den Waben der sozial lebenden Faltenwespen senkrecht und trägt auf beiden Seiten Wabenzellen. Sie wird sowohl zur Lagerung von Pollen und Honig als auch zur Aufzucht der Brut genutzt.

Lebensweise der „Wildbienen"
Solitär lebende Wildbienen (Einsiedlerbienen)

Die Verwandten der Honigbiene, die Wildbienen, leben meist einzeln, scheu und zurückgezogen und sind wenig bekannt, doch haben auch sie eine ebensolche Bedeutung für die Bestäubung vieler Wild- und Kulturpflanzen.

In Deutschland kennen wir etwas mehr als 500 verschiedene Bienenarten aus sieben Familien.

Es gibt kaum einen Lebensraum, den Einsiedlerbienen nicht erobert haben. Sand- und Furchenbienen nisten in sandigem Boden oder auf Feldwegen und bevorzugen dabei je nach Art festgefahrenen Boden oder lockere Sandflächen. Pelzbienen dagegen finden wir z.B. in senkrechten Abbruchkanten und Lößwänden. Mauerbienen bevorzugen Fugen und Spalten in altem Gemäuer und Fachwerk. Selbst leere Schneckenhäuser werden von einigen Arten genutzt. Manche Maskenbienen gründen ihr Nest in hohlen Stengeln markhaltiger Pflanzen (z.B. Holunder, Brombeere oder Schilf). Andere Wildbienen nisten in morschem Holz, nagen ihre Niströhren selbst oder nutzen die Fraßgänge anderer Holzbewohner.

Trotz der vielfältigen Lebensweisen liegt der Brutbiologie der Einsiedlerbienen doch ein gemeinsames Prinzip zugrunde. Dies soll hier am Beispiel der bei uns häufig vorkommenden Roten Mauerbiene (Osmia bicornis = O. rufa)[1] erläutert werden.

Männchen der Roten Mauerbiene (Osmia bicornis) an Nisthilfe auf den Schlupf der Weibchen wartend

Im zeitigen Frühjahr, etwa Ende März, Anfang April, finden wir die ersten Mauerbienen. Den Winter haben sie in ihren Brutzellen überdauert. Die warmen Frühjahrstemperaturen locken sie aus ihren Nestern. Die Männchen schlüpfen etwa sieben Tage vor den Weibchen (Vormännlichkeit). Zu Beginn der Flugzeit können wir daher Männchen beobachten, wie sie vor den Nestern schweben und auf das Schlüpfen der Weibchen warten. Bei größeren Nestkolonien kann dies zu einem imponierenden Schauspiel werden. Die Männchen sind häufig kleiner und bunter gefärbt. Ihre Fühler sind deutlich länger. Statt 12 kurzer besitzen sie 13 verlängerte Antennenglieder.

1) Die hier verwendete Systematik der Wildbienen bezieht sich weitgehend auf Westrich, 1990 und 1997.

Nach der Paarung widmen sich die Weibchen ausschließlich dem Nestbau und der Versorgung der Brutzellen. Die Männchen beteiligen sich nicht am Brutgeschehen. Sie vagabundieren und sterben früh ab.

Bei allen Hautflüglern liegt es bei den die Weibchen, ob aus ihren Eiern weibliche oder männliche Nachkommen hervorgehen sollen. Weibchen entstehen, wenn Spermien aus dem Vorrat der Samenblase zu dem Ei gegeben werden, das Ei also befruchtet wird. Für männliche Tiere dagegen wird kein Samen benötigt. Sie entstehen aus unbefruchteten Eizellen.

In den Bienennestern findet man in den geschützten hinteren Zellen vornehmlich weibliche und in den Zellen, die nahe am Nestausgang liegen, meist männliche Tiere.

Der biologische Sinn in diesem Verhalten liegt offensichtlich in der unterschiedlichen Wertigkeit der Geschlechter: Die weiblichen Tiere tragen stärker zum Fortbestand der Art bei, denn je nachdem, wie erfolgreich ein Weibchen bei der Versorgung der Brutzellen ist, hat es viele oder wenige Nachkommen. Ein Männchen dagegen kann viele Weibchen begatten. Seine Aufgabe ist nach der Paarung abgeschlossen. Der Verlust eines Sohnes ist für die Biene also leichter zu verschmerzen als der Verlust einer Tochter. Daher ist es sinnvoll, daß weibliche Nachkommen bevorzugt in den besser geschützten hinteren Zellen herangezogen werden, während die männlichen Bienen mit den vorderen Plätzen Vorlieb nehmen müssen.

Nun ist es für die Männchen äußerst wichtig, vor den Weibchen zu schlüpfen, denn wenn sie den Schlupf der Weibchen "verschlafen" und erst ihre Brutzellen verlassen, wenn alle Weibchen von ihren Konkurrenten begattet sind, haben sie ihre Fortpflanzungschance vertan. Allerdings sollten die Männchen nur wenige Tage eher schlüpfen, damit sie nicht beim Warten vorzeitig Freßfeinden zum Opfer fallen. Dieser evolutionsbiologische Zusammenhang ist somit wohl ein Grund dafür, daß männliche Eizellen zuletzt, also in der Nähe des Nestausgangs, abgelegt werden.

Das Nest der Roten Mauerbiene:
a) Eizellen; b) Larven; c) Puppen

Die Rote Mauerbiene nistet oft in morschem Holz und nutzt hier die Fraßgänge von anderen Holzbewohnern. Es werden Gänge von 6-7 mm Durchmesser bevorzugt. Wir finden die Nester der Roten Mauerbiene aber auch in anderen Hohlräumen. Ritzen und Spalten im Mauerwerk, hohle Bambusstengel, Strohdächer, ja sogar die Abflußlöcher von Fensterbänken werden von ihr gern genutzt.

Hat ein Weibchen einen geeigneten Nestplatz gefunden, so beginnt es mit der Reinigung des Hohlraumes. Eigene Gänge werden bei dieser Art nicht gefertigt.

Für jede Eizelle legt das Mauerbienenweibchen eine separate Brutzelle an, die sie durch senkrechte Wände aus Lehm voneinander abgrenzt und mit einem Drüsensekret zur Vermeidung von Verpilzung austapeziert. Sie sammelt Blütenstaub (Pollen) und Nektar an den Pflanzen der näheren Umgebung und formt daraus ein Pollenbrot (Pollenkuchen), auf welchem ein einziges Ei ablegt wird (Dia 4a).

Mauerbienen sind bei der Wahl des Pollens nicht wählerisch. Sie können viele Pflanzen der näheren Umgebung ihres Nestes als Pollenquelle nutzen (polylektische Bienenart). Andere Bienenarten sind auf das Vorkommen bestimmter Pflanzen angewiesen, ja benötigen teilweise ganz bestimmte Pflanzenarten (oligolektische Bienenarten) als Pollenlieferanten.

Direkt nach der Eiablage wird die Brutzelle mit Lehm verschlossen und die folgende in Angriff genommen. So entsteht eine lineare Anordnung von Brutzellen, wobei der Deckel der einen zugleich der Boden der folgenden Zelle ist (Linienbau). In größeren Hohlräumen kann die Mauerbiene aber auch flächige Brutnester anlegen.

Je nach Witterungsbedingungen schlüpft nach wenigen Tagen eine Larve, die sich vom Pollenvorrat ernährt (Dia 4b). Ihre einzige Aufgabe ist es zu fressen und zu wachsen. Nach ca. zwei bis vier Wochen ist der Nahrungsvorrat aufgezehrt, und die Bienenmade spinnt einen Kokon, in welchem über das Puppenstadium die Verwandlung zum fertigen Insekt (Imago) stattfindet (Dia 4c).

Die Entwicklung der Mauerbienen ist meist noch im gleichen Jahr abgeschlossen. Die Bienen ruhen nun bis zum nächsten Frühjahr in ihren Kokons. Die Rote Mauerbiene hat nur eine Generation pro Jahr, sie ist „univoltin". Andere Bienenarten, wie z.B. die Sandbiene *Andrena flavipes*, bilden im Sommer eine zweite Generation, sie sind „bivoltin".

Ähnlich wie bei den meisten ihrer Verwandten ist die Flugzeit der Roten Mauerbiene je nach Witterung auf vier bis sechs Wochen begrenzt. In dieser Zeit können höchstens 20-40 Brutzellen angelegt werden, so daß die Nachkommenzahl eines Weibchens sehr klein ist. Auf eine höhere Fortpflanzungsrate können Wildbienen aber wegen ihrer sehr aufwendigen Brutfürsorge offensichtlich verzichten.

Die Lehmgrube der Roten Mauerbiene (Osmia bicornis)

Als Material zum Bau ihrer Brutzellen verwendet die Rote Mauerbiene Lehm oder feinkörnigen Sand, den sie in der näheren Umgebung ihres Nistplatzes sammelt. An besonders geeigneten Stellen entstehen so regelrechte Lehmgruben. Aus dem Erdmaterial und Drüsensekreten wird ein Mörtel bereitet, der zu einem festen Nestverschluß erhärtet.

Je nach Bienenart werden unterschiedliche Materialien zum Verschluß der Brutzellen verwendet. So sammeln einige Blattschneiderbienen Blätter bestimmter Pflanzenarten, die entweder als Blattstückchen oder zerkaut und mit Speichel vermischt eingesetzt werden. Andere Arten verschließen ihre Nester mit einem seidigen Drüsensekret oder sammeln Harz oder kleine Steine.

Maskenbiene (Hylaeus spec.)
Nektartropfen eindickend

Maskenbienen *(Hylaeus spec.)* sind nur 4-10 mm groß. Vor allem die Männchen tragen eine charakteristische, maskenartige Gesichtszeichnung. Maskenbienen sind nur wenig behaart. Ferner verfügen sie über keine speziellen Pollensammeleinrichtungen. Die Weibchen tragen den Blütenstaub vermischt mit Nektar im Kropf zum Nest. Dies stellt die ursprüngliche Form des Nahrungstransportes dar (Kropfsammler).

Das Dia zeigt eine Maskenbiene, wie sie auf einem Blatt ruhend den Inhalt ihres Kropfes ausleert, um ihn einzudicken. Die Färbung des Nektars deutet auf die Pollenfarbe ihrer Nahrungspflanze hin.

Maskenbienen werden nicht nur wegen des einfachen Pollensammelverhaltens zu den „Urbienen" gezählt. Sie besitzen auch nur eine sehr kurze und breite Zunge, mit der sie nicht in der Lage sind, den Nektar aus tief in Blüten verborgenen Nektarien zu sammeln. Wie die Wespen sind sie vor allem dort zu finden, wo Nektar und Pollen offen angeboten werden (z.B. Korbblütler).

Maskenbienen nisten meist in vorgefundenen Hohlräumen (Käferfraßgänge), in altem Holz oder in Stengeln markhaltiger Pflanzen (Brombeerranken) aber auch, je nach Art, in Lehm- oder Lößwänden sowie Mauerritzen.

Wie die Seidenbienen kleiden sie ihr Nest mit Drüsensekreten aus, legen ihr Ei aber direkt auf den mit Nektar durchmischten, zähflüssigen Futterbrei.

Die Wollbiene *(Atnhidium manicatum)*, auf einem Blatt ruhend

Wollbienen gehören zu den eindrucksvollsten Wildbienen. Der Laie hält diese sehr hübsch gezeichneten Bienen aufgrund ihrer schwarz-gelben Färbung und dem wenig behaarten Hinterleib auf den ersten Blick für Wespen. Dort, wo in den Gärten Lippenblütler (Labiatae) wie Ziest, Salbei oder Taubnessel, aber auch Fingerhut, Gamander oder Hohlzahn angepflanzt sind, findet man diese Art recht häufig. Vor allem an etwas einzeln stehenden Stauden kann ein sehr interessantes Verhalten der Wollbienen-Männchen beobachtet werden:

Die Stauden werden von den Wollbienen-Männchen gegen alle Eindringlinge, die an den Blüten Nahrung sammeln wollen, aggressiv verteidigt. Die Männchen schrecken dabei selbst vor großen Hummeln nicht zurück. Einer Schwebfliege gleich steht das Männchen über seinem „Territorium" und fixiert jeden Blütenbesucher. Dieser wird verfolgt und schließlich im Sturzflug angegriffen und mit den kräftigen Mandibeln und speziellen dornartigen Gebilden des Hinterleibs (in Ermangelung eines Stachels) traktiert. Das Territorium wird auch gegen andere Wollbienen-Männchen besonders aggressiv verteidigt. Die attakierten Blütenbesucher, meist Hummeln oder Honigbienen, meiden zukünftig das Revier des Männchens.

Sinn dieses Verhaltens ist es, das Nahrungsangebot im Territorium für die Weibchen (und natürlich für sich selbst) zu sichern. Natürlich fliegen die Weibchen bevorzugt solche Pflanzen an, die von den Männchen verteidigt werden, da hier das Nektar- und Pollenangebot wegen des Ausbleibens anderer Blütenbesucher ausgezeichnet ist. Mit Weibchen verpaart sich das Männchen und erhöht damit seinen eigenen Fortpflanzungserfolg.

Ihre Nester legen die Weibchen in vorhandenen Hohlräumen an. Dies können Erdlöcher, Spalten in Fels oder Mauerwerk, aber auch in Löß- und Lehmwänden sein. Die Wollbiene kleidet ihre Brutzellen mit abgeschabten Pflanzenhaaren aus. Als Lieferanten für diese Blattwolle dienen u. a. verschiedene Ziest-Arten, Strohblumen oder Flugsamen von Pappeln. Die Auskleidung der Brutzellen mit Pflanzenwolle soll die heranwachsende Larve vor Verpilzung schützen.

Gelbfüßige Sandbiene *(Andrena flavipes)* auf Blatt ruhend

Sandbienen legen ihre Nester in selbstgegrabenen Hohlräumen im Boden an. In Deutschland kennen wir mehr als 100 verschiedene Arten, die häufig der Honigbiene zum Verwechseln ähnlich sehen. Die Weibchen der Sandbienen lassen sich leicht an einer charakteristischen Haarlocke (Flocculus) am Schenkelring (Trochanter) des hinteren Beinpaares erkennen. Diese Haarlocke dient dem Sammeln von Blütenstaub. Die Bestimmung der einzelnen Arten ist allerdings schwierig und nicht ohne Fachliteratur möglich.

Die hier vorgestellte Art, die "Gelbfüßige Sandbiene" *(Andrena flavipes)*, gehört im besiedelten Bereich zu unseren häufigsten Sandbienen und wird in Gärten oft als störend empfunden. Sie nistet an wenig bewachsenen Stellen im Rasen oder auf Wegen, in Parks und Gärten, vor allem dort, wo der Boden offen und sonnenbeschienen ist. Ein charakteristischer Nistort sind Rasenflächen im Bereich von Terrassen, die durch ihre etwas erhöhte und abfallende Lage sehr trocken und warm sind. Hier kann es zu Ansammlungen von mehreren Hundert Nestern kommen. *Andrena flavipes* ist etwa halb so groß wie die Honigbiene, ähnelt ihr aber in der Färbung sehr. Für diese Biene ist die deutlich gelbgefärbte Behaarung der Schienenbürste des hinteren Beinpaares charakteristisch, der sie auch ihren Namen zu verdanken hat.

Im zeitigen Frühjahr, etwa März/April, schlüpfen zunächst die männlichen Tiere aus ihren Nestkammern. Sie warten, in dichten Wolken über der Kolonie schwebend, auf das Erscheinen der wenige Tage später schlüpfenden Weibchen. Dieses Schauspiel erinnert an einen Bienenschwarm und führt häufig zur Verunsicherung der Gartenbesitzer. Doch sind die männlichen Tiere harmlos wie Stubenfliegen, sie können nicht stechen, da sie wie alle männlichen Bienen keinen Stachel besitzen. Nach der Paarung, die häufig in Nestnähe zu beobachten ist, widmen sich die Weibchen dem Nestbau und der Versorgung ihrer Brutzellen. Die Männchen vagabundieren, sind in den nahen Gebüschen zu finden und verschwinden wenig später. Es kehrt "Ruhe" in der Kolonie ein. Nur bei schönem, sonnig warmem Wetter, bauen die Weibchen an ihren Nestern weiter und sammeln an den Pflanzen der nahen Gärten Blütenstaub. Dabei sind sie nicht besonders wählerisch und besuchen Blüten verschiedener Pflanzenarten. *Andrena flavipes* ist daher eine ausgesprochen polylektische Art. Jedes Weibchen versorgt ihr Nest allein. Frisch gegrabene Nester sind an dem locker aufgeschichteten Kraterrand aus Erde zu erkennen. Bei alten Nesteingängen stellt der Eingang nur noch ein einfaches Loch im Boden dar, welches leicht mit dem Nesteingang von Ameisen verwechselt werden kann. Im Gegensatz zu vielen anderen Wildbienen, die nur eine einzige Generation im Jahr haben (univoltin), fliegt die Gelbfüßige Sandbiene nicht nur im Frühjahr, sondern auch im Juli bis in den September hinein. Sie ist "bivoltin" (zwei Generationen/Jahr).

Die Paarung der Weiden-Seidenbiene (*Colletes cunicularius*):

Die Weiden-Seidenbiene gehört zu den gefährdeten Bienenarten, da sie ihre selbstgegrabenen Gänge dort anlegt, wo der Boden offen oder nur schütter bewachsen ist und aus lockerem Sand oder sandigem Löß besteht. Flußauen, Flugsandfelder, Binnen- oder Meeresdünen, Hochwasserdämme oder sandige Bahndämme werden von Westrich (1990) als Lebensräume genannt. Ferner ist sie für die Versorgung ihrer Brut auf das Vorhandensein von Weiden angewiesen und gehört damit zu den streng oligolektischen Bienenarten.

Ähnlich wie bei der Gelbfüßigen Sandbiene erscheinen auch die Männchen wenige Tage vor den Weibchen und warten, oft in großer Zahl über den Nestern schwebend, auf das Auftauchen der Weibchen.

Seidenbienen kleiden ihre Brutzellen mit einer seidigen Membran aus. Diese besteht aus dem Drüsensekret der sogenannten „Dufourschen Drüse" des Hinterleibs und Speicheldrüsensekret. Der eingetragene Weidenpollen wird in diesem „Seidentüten-Nest" mit derart viel Nektar vermischt, daß er eine fast flüssige Konsistenz erreicht. Das Ei wird schließlich an der Decke der Brutzelle befestigt.

Die Kuckucks-Biene *(Sphecodes albilabris)* am Nest der Weiden-Seidenbiene *(Colletes cunicularius)*

Auch bei den Einsiedlerbienen gibt es Brutparasiten. So dringt z.B. das Weibchen der Blutbiene *(Sphecodes albilabris)* in die Nester der Weiden-Seidenbiene ein, vernichtet die Eier oder die jungen Larven ihres Wirtes und legt eigene „Kuckucks-Eier" in das fertige Nest. Die Maden der Kuckucksbienen ernähren sich ausschließlich von dem Pollenvorrat, denn sie sind wie ihre Wirtstiere "Vegetarier". Da die Kuckucksbienen keinen eigenen Pollen sammeln, besitzen sie, wie bei dieser Blutbiene schön zu sehen, keine Pollensammeleinrichtungen und sind weitgehend unbehaart.

Auch Blutbienen gehören zu unserer Fauna und stellen wichtige Begrenzer der Wildbienenpopulationen dar. Es macht daher Sinn, in den Schutz der Wildbienen auch den Schutz ihrer Gegenspieler einzubeziehen. So ist die Blutbiene *(Sphecodes albilabris)* an das Vorkommen der Weiden-Seidenbiene gebunden und kann sich nur fortpflanzen, wenn sie ausreichend Nestkolonien ihres Wirtes vorfindet.

Sphecodes albilabris schlüpft schon im Juli aus ihrem Kuckucksnest. Nach der Verpaarung überwintern die „begatteten Weibchen" an einem versteckten Ort. Mit Auftreten ihres Wirtes im folgenden Jahr verlassen sie ihre Winterquartiere und suchen deren Nestanlagen zur Eiablage auf.

Sozial lebende Wildbienen (Hummeln)

Hummeln gehören zu den größten Bienen. In Deutschland kennen wir etwa 30 Arten, doch sind nur sechs Hummelarten als Kulturfolger in unseren Siedlungen wirklich häufig. Andere Vertreter findet man vorwiegend in der offenen Landschaft, in bewaldeten Regionen oder in den Dünengebieten unserer Küsten.

Hummeln höseln (sammeln) wie die Honigbiene Pollen in den Körbchen ihrer Hinterbeine (Körbchensammler). Sie können etwa die Hälfte ihres Körpergewichts an Pollen und Nektar transportieren (50-60 mg) und gelten als die effektivsten Sammler. Hummeln zeigen vielfältige Anpassungen an das Leben in kühlen und gemäßigten Regionen. Ungünstige Witterungsbedingungen machen ihnen wenig aus. In den Höhenlagen der Gebirge fliegen sie sogar bei Temperaturen nahe dem Gefrierpunkt. Durch ihre größere Temperaturunabhängigkeit und den hieraus resultierenden längeren Tagesflugzeiten, spielen Hummeln in unwirtlichen Regionen sowie in kalten und verregneten Sommern eine große Rolle als bestäubende Insekten.

Erdhummel *(Bombus terrestris)* Blütenstaub sammelnd in einer Stockrosenblüte

Aufgrund ihrer Größe bevorzugen Hummeln kräftige und sehr große Blüten mit teils komplizierten Verschlußmechanismen (z.B. Löwenmäulchen. Die langrüsseligen Arten zeigen Anpassungen an Blüten mit besonders langen Blütenkronröhren oder Spornen (Schmetterlingsblütler (Papilionaceae), Lippenblütler (Labiatae), Rauhblattgewächse (Scrophulariaceae) sowie Rittersporn oder Eisenhut. Hier sind die Ackerhummel *(Bombus pascuorum)* und vor allem die Gartenhummel *(Bombus hortorum)* zu nennen, deren Rüssel bei Königinnen mehr als 20 mm Länge erreichen können.

Für die hier abgebildete Stockrose ist die kurzrüsselige Dunkle Erdhummel *(Bombus terrestris)*, mit einer Rüssellänge von „nur" 9-10 mm der „angepaßte Bestäuber".

Der Lebenszyklus der Hummeln

Hummeln gehören zu den sozialen Insekten. Im Gegensatz zur Honigbiene bilden sie aber nur einjährige Staaten. Über ein Vorstadium mit einfacher Brutpflege läuft die Volksentwicklung hin zu einem Insektenstaat, in dem Arbeiterinnen alle notwendigen Tätigkeiten wie Brutpflege, Nahrungsbeschaffung, Nestbau, -klimatisierung und -bewachung übernehmen. Die Königin als einziges Vollweibchen verläßt das Nest nun nicht mehr und beschränkt ihre Aktivitäten allein auf die Eiablage. Erst im Sommer, bei ausreichender Nahrungsversorgung und Volksgröße, werden Geschlechtstiere, Jungköniginnen und Männchen (Drohnen), erbrütet. Nach dem Tode der alten Stockmutter geht das Volk zugrunde. Nur ihre Töchter, die von den Drohnen begatteten Jungköniginnen, überwintern an geschützten Orten und gründen im folgenden Jahr ihren eigenen Staat. In besonders guten Jahren können z.B. bei der Erdhummel mehr als 200 Königinnen in einem Volk herangezogen werden.

Die Biologie der Hummeln soll anhand des Lebenszyklus der Dunklen Erdhummel *(Bombus terrestris)* erläutert werden (siehe Seite 22).

Der Beginn eines Hummelnestes

Bereits im zeitigen Frühjahr (etwa März, April) erscheinen die Königinnen einiger Hummelarten aus ihren Winterquartieren. Nun sind sie darauf angewiesen, ausreichend Nektar- und Pollenquellen zu finden. Der zuckerhaltige Nektar dient ihnen als Energielieferant und "Flugbenzin", den eiweißreichen Blütenstaub benötigen sie für die Entwicklung ihrer Eierstöcke. Gerade an Weidenkätzchen, blühenden Obstgehölzen oder den Krokussen und anderen frühblühenden Zwiebelgewächsen der Gärten sind die kräftigen Hummelköniginnen nun zu sehen.

Hummelköniginnen, die dicht über dem Boden fliegen und in jede Ritze und jedes Loch hineinkrabbeln, sind auf der Suche nach einem geeigneten Nistplatz. Bevorzugt werden Höhlungen (z. B. Nester von Mäusen oder Maulwürfen) angenommen, in denen vom Vorbesitzer schon wärmendes Material wie Tierhaare, Moos oder Laub eingetragen wurde. Sagt der Königin ein Nistplatz zu, so baut sie aus Hummelwachs, welches sie aus Drüsen des Hinterleibs „ausschwitzt", einen kleinen Honigtopf, in den sie Nektar zur eigenen Nahrungsreserve einträgt. Sodann bereitet sie aus Pollen und Nektar

Lebenszyklus der Dunklen Erdhummel *(Bombus terrestris)*

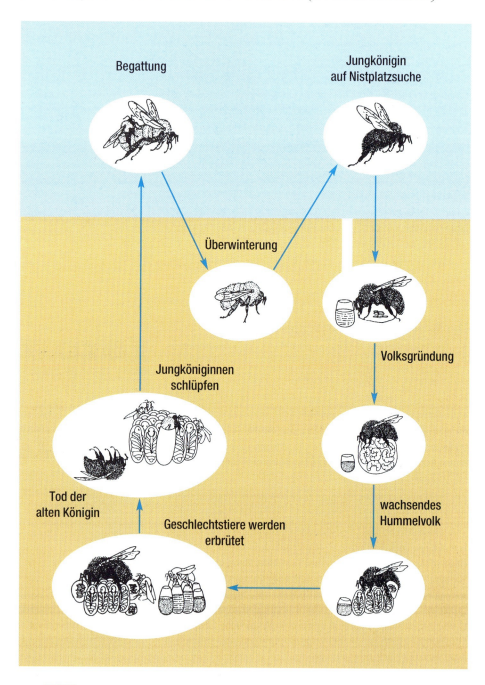

das sogenannte Pollenbrot. Hierauf werden etwa acht bis fünfzehn Eier gelegt. Anschließend verschließt das Weibchen die Brutkammer mit einem Gemisch aus Wachs und Pollen. Diese Brutkammer wird nun regelrecht bebrütet. Hierzu preßt die Königin ihren Hinterleib auf die Eikammer und produziert mit Hilfe der Flugmuskulatur Wärme, die sie über einen haarlosen Bereich an der Unterseite ihres Hinterleibs abgibt. Zu ihrer Ernährung versorgt sie sich aus dem Honigtopf. Die Königin fliegt zu dieser Zeit nur selten aus. Für den Beobachter erscheint das Nest daher unbewohnt, doch leichtes Klopfen an der Nestumhüllung läßt die Bewohnerin warnend aufbrausen.

Geöffnete Brutkammer mit kleinen Erdhummel-Larven

Die nach etwa drei bis fünf Tagen schlüpfenden Larven ernähren sich vom Pollenbrot. Später wird von der Königin Nahrung zugefüttert. Zunächst liegen alle Larven in einer großen, gemeinsamen Kammer.

Um einmal einen Einblick in eine Brutkammer zu gewinnen, wurde hier eine etwa 5 mm große Kammer vorsichtig geöffnet. Von den zwölf heranwachsenden Larven sind vier zu sehen.

Je nach Witterungsbedingungen schlüpfen vier bis fünf Wochen nach Eiablage die ersten kleinen "Zwerg-"arbeiterinnen. Sie übernehmen alle Arbeiten im Nest, während die Stockmutter sich bald danach ausschließlich dem Brutgeschäft widmet

Topf- und Taschenmacher

Vorwiegend kurzrüsselige Hummelarten (z.B. die Erdhummel) lagern den Pollen in ausgedienten Kokons und füttern die Larven, indem sie die Brutkammern von oben öffnen und je nach Bedarf Pollen abgeben, den sie den Vorratstöpfen entnehmen. Hummelarten, die diese Methode der Pollenlagerung und Larvenfütterung praktizieren, nennt man Topfmacher (engl.: pollen-storer).

Pollensammlerinnen können den eingetragenen Pollen aber auch direkt in seitliche „Taschen" an der Basis der Brutkammern füllen. Aus diesen Pollentaschen bedienen sich die Larven direkt. Langrüsselige Hummelarten, wie die Acker- und Gartenhummel, zeigen diese Art der Larvenfütterung und werden als Taschenmacher (engl.: pocket-maker) bezeichnet.

Das Hummelnest auf dem Zenit seiner Entwicklung

Neue Brutkammern werden immer auf den eiförmigen Puppenkokons errichtet. Das Hummelnest wächst also von unten nach oben. Im Laufe des Jahres entsteht so ein "ungeordneter Haufenbau". Ausgediente Kokons nutzen die Hummeln als Honig- oder Pollentöpfe. Das Bild zeigt, neben Honigtöpfen und Kokons, Zellen, in denen einzelne, große Larven ringförmig liegen. Diese "Rundmaden" erhalten über eine kreisförmige Öffnung in der Zellenmitte von ihren ausgewachsenen Schwestern nach Bedarf Futter. Die Wände der Brutzellen werden entsprechend der Wachstumsgeschwindigkeit der Larven immer weiter vergrößert.

Der Nektar, der in den Honigtöpfen allein durch Verdunstung zu "Hummelhonig" eindickt, kann dem Volk als Vorrat für wenige verregnete Tage dienen. Alle Mitglieder des Staates bedienen sich an diesem Vorrat, auch die Königin. Einen sozialen Futteraustausch (Trophallaxis) durch direktes Anbetteln der Stockgenossinnen, wie bei der Honigbiene, existiert bei Hummeln nicht.

Auf dem Höhepunkt der Entwicklung erbrütet das Hummelvolk Geschlechtstiere, die nach einigen Tagen das Nest endgültig verlassen. Zur Partnersuche markieren die Drohnen auf Flugbahnen bestimmte Pflanzen mit ihrem Mandibeldrüsensekret. Diese Duftplätze werden von den Jungköniginnen gezielt aufgesucht und von den Drohnen regelmäßig kontrolliert. Die Paarung findet an der Blüte oder auf dem Boden statt. Nach einer Phase intensiven Nahrungssammelns und dem Speichern von ausreichenden Reservestoffmengen im Körper, in Form von Fett und tierischer Stärke (Glycogen) suchen die Jungköniginnen ihre „Überwinterungsplätze" auf. Waldhänge, Erdwälle und Lücken zwischen Baumwurzeln scheinen ihnen besonders geeignet. Je nach Art verbirgt sich die junge Königin unter einer Moos- oder Laubschicht im Boden. In der Winterstarre zehrt sie von ihren Reservestoffen. Durch eine vermehrte Glycerinolproduktion ("Frostschutzmittel") ist sie vor der Kälte des Winters geschützt. Ihren vollen Honigmagen benötigt sie für die ersten Anstrengungen nach der Überwinterung.

Die Königin der Ackerhummel *(Bombus pascuorum)* an der Blüte einer Roten Taubnessel

Ackerhummeln nisten in vielerlei Höhlungen, von Mäusenestern bis hin zu Vogelnestern oder Strohbüscheln. Sie sind in besiedelten Bereichen häufig.

Das Bild verdeutlicht die enge Passung zwischen Blütenpflanzen und den sie bestäubenden Insekten. Die Taubnesseln bieten den Hummeln einen attraktiven Landeplatz. Die Form der Blüte erzwingt eine ganz bestimmte Position des bestäubenden Insekts. Nur wenn die Hummel auf der Unterlippe Platz nimmt und mit ihrem Rüssel in die lange Blütenkronröhre hineinreicht, erlangt sie den "ersehnten" Nektar. Fast beiläufig wird Blütenstaub aus den oberhalb im Blütenhelm (Oberlippe) befindlichen Staubgefäßen auf dem Rücken der Hummel abgeladen. Beim Besuch der folgenden Blüte dient dieser Blütenstaub zur Bestäubung des Griffels. So wird Fremdbestäubung via Hummel gesichert.

Da die Ackerhummel zu den langrüsseligen Arten gehört, ist sie für die hier gezeigte Taubnessel der "angepaßte Bestäuber". Gleichzeitig ist aber auch die Ackerhummel zu ihrer Ernährung auf das Vorhandensein von Taubnesseln im zeitigen Frühjahr angewiesen, da ihr hier nur wenige Konkurrenten die Nahrung streitig machen können. Selbst an diesem kleinen Beispiel werden somit die engen Wechselbeziehungen zwischen Bestäuber und Blütenpflanze deutlich.

Nektarraub: Erdhummel *(Bombus terrestris)* an Beinwell

Trotz dieser Anpassungen an bestimmte Blütenformen gelten Hummeln als Generalisten beim Blütenbesuch. Aufgrund ihres ausgeprägten Lernvermögens sind sie in der Lage, viele Nektar- und Pollenquellen zu nutzen. Vor allem die kurzrüsselige Erdhummel *(Bombus terrestris)* vermag sich den Weg zum verborgenen Nektar in langkelchigen Blüten dadurch zu verschaffen, daß sie die Blütenkelche mit ihren kräftigen Mandibeln seitlich aufbeißt und sich am Nektar bedient, ohne als "Lohn" die Blüte zu bestäuben. Dieses Verhalten wird als „Nektarraub" bezeichnet und kann allerorten am Beinwell beobachtet werden, dessen Blüten um die Bißwunden bräunliche Verfärbungen zeigen. Die Honigbiene, die wohl wegen ihrer schwachen Mandibeln die Blüten nicht aufzubeißen vermag, bedient sich gern an den deutlich markierten Bißstellen und nutzt ebenfalls den „illegitimen Blütenzugang".

Steinhummel *(Bombus lapidarius)* am Rotklee

Die Steinhummel *(Bombus lapidarius)* ist regelmäßig in unseren Gärten und Parkanlagen anzutreffen. Sie nistet bevorzugt in Steinhaufen, Trockenmauern oder Felsspalten, ist aber auch durchaus unterirdisch in aufgegebenen Mäusenestern zu finden. Ihre charakteristische Färbung, schwarzer Körper mit kräftig roter Hinterleibsspitze, macht es leicht, sie von anderen, ebenfalls häufigen Hummelarten zu unterscheiden. Meist wird man auch mit dieser Bestimmung richtig liegen.

Es gibt allerdings wesentlich seltenere Hummelarten, die eine durchaus ähnliche Färbung tragen. Obwohl gerade die Hummeln durch ihre charakteristische Bänderung den Anschein erwecken, leicht bestimmbar zu sein, variieren manche Arten je nach Region und Herkunft teils erheblich. Eine Hummelart, die Veränderliche Hummel *(Bombus humilis)*, trägt gerade wegen dieser Eigenschaft ihren Namen zu Recht.

Baumhummelkönigin *(Bombus hypnorum)* vor ihrem Nest in einem Vogelnistkasten

Während Steinhummeln zu den friedfertigen Hummeln zählen, verhält sich die Baumhummel *(Bombus hypnorum)* durchaus verteidigungsbereit im Nestbereich. Baumhummeln lassen sich leicht zum Nisten anlocken, wenn man in einem Nistkasten das verlassene Vogelnest beläßt oder ihn mit ein wenig Polsterwolle füllt. Der Einzug einer Baumhummel wird häufig an dem herausgezupften Nestmaterial deutlich. Baumhummeln erkennt man an dem kräftig braun gefärbten Bruststück und der weißen Hinterleibsspitze.

Gegenspieler der Wildbienen

So unverzichtbar Wild- und Honigbienen als Bestäuber für eine Vielzahl von Pflanzenarten sind, so wichtig ist diese Tiergruppe auch für andere Organismen. Viele Tiere leben von Bienen oder ihrer Brut oder finden in deren Nestern Nahrung und Unterschlupf.

Die Spanne reicht dabei von einfachen Nutznießern über Mitesser (Commensalen) bis hin zu Brutschmarotzern, Parasitoiden oder Freßfeinden. All jene Lebensformen, die in irgendeiner Form von den Bienen leben und deren Vermehrung oder Populationsdichte begrenzen, sollen hier als „Gegenspieler" bezeichnet werden. Auch sie gehören zur Lebensgemeinschaft der Wildbienen und sind für ihre eigenen Lebensäußerungen auf eine natürliche Bienenpopulation angewiesen. Ernstgemeinter Wildbienenschutz bezieht also diese Tiere mit ein und toleriert, daß ihnen ein Teil der Wildbienenpopulation zum Opfer fällt.

Manche dieser Gegenspieler sind hochspezialisiert und auf das Vorkommen ganz bestimmter Bienenarten angewiesen. Nach Westrich (1990) ist „die Erhaltung und Förderung von Wildbienen somit Voraussetzung für den Schutz dieser Lebewesen.". So ist beispielsweise der Schutz des Bienenwolfs **(Philanthus triangulum)**, einer Grabwespe, die sich auf Honigbienen als Nahrung für ihre Brut spezialisiert hat, nur durch die Imkerei gesichert.

Der Imkerschaft kommt hier eine wichtige ökologische Aufgabe zu, die weit über dem ökonomischen Nutzen der Honigbienen anzusiedeln ist. Allein durch die etwa 100 000 im Deutschen Imkerbund organisierten Imker, die etwa 1 Millionen Völker betreuen (Jahresbericht DIB 1997) werden jedes Jahr zwischen 10 000 bis 15 000 Tonnen Biomasse der Natur zur Verfügung gestellt (eigene Berechnungen: 100 000-150 000 Bienen/Jahr und Volk). Oft wird vergessen, daß alle Honigbienen eines Volkes irgendeinem Organismus, z.B. Spinnen, Wespen, Vögeln, Kleinsäugern oder dem oben genannten Bienenwolf, als Nahrung dienen.

Was für den Spezialfall der Honigbiene zutrifft, gilt in ähnlicher Form natürlich auch für die Gruppe der Wildbienen und der Wespen.

Im folgenden sollen aus der Fülle der Gegenspieler einige interessante Arten exemplarisch vorgestellt werden.

Die Schlupfwespe *(Ephialtes manifestator)* bei der Eiablage an einer Wildbienen-Nisthilfe

Schlupfwespen (Familie Ichneumonidae) leben ausschließlich parasitoid. Die Weibchen plazieren mit Hilfe ihres Legebohrers ihr Ei an oder in ihren Wirt(daher "Legwespen oder Legimmen"). Die Schlupfwespenlarve ernährt sich zunächst von den nicht lebenswichtigen Organen der Wirtslarve. Erst im Laufe der weiteren Entwicklung wird der Wirt getötet.

Das Dia zeigt eine häufig an den Nisthilfen zu beobachtende Art, die sich hier an dem Lehmverschluß eines Mauerbienennistganges zu schaffen macht. Der mehr als körperlange Bohrer ist bis zur Hälfte in das Nest getrieben, die Legebohrerscheide steht senkrecht nach oben ab. Hat die Spitze des Bohrers die Wirtslarve erreicht, so wird ein Ei durch den hauchdünnen Kanal im Legebohrer abgegeben. Hierbei nimmt das Ei - wie ein zusammengedrückter Luftballon - eine langgestreckte Form an.

Aus diesem Nest wird im kommenden Jahr keine Wildbiene, sondern eine schlanke Schlupfwespe schlüpfen.

Die Gemeine Goldwespe *(Chrysis ignata)* paratisiert Wildbienenbrut

Goldwespen (Familie: Chrysididae) leben ausschließlich als Brut- oder Raubparasitoide in den Nestern von Falten- und Grabwespen sowie Wildbienen. Goldwespen besitzen einen auffallend metallisch grün, rot oder blau gefärbten Panzer. Immer auf der Hut, bewegen sich diese oft recht kleinen Insekten sehr schnell, ihre Fühler sind immer in Bewegung.

Häufig kann die Gemeine Goldwespe *(Chrysis ignita)* an den Nisthilfen beobachtet werden, wie sie Nester der Wildbienen und Einsiedlerwespen inspiziert und nach einer günstigen Gelegenheit sucht, ihr Ei unbemerkt in eine der Brutzellen zu "schmuggeln".

Die Larven der Goldwespen saugen an der heranwachsenden Larve ihres Wirtes. Diese stirbt erst dann ab, wenn sie beginnt, ihren Puppenkokon zu spinnen.

Im Gegensatz zu den Kuckucksbienen, die als typische Pflanzenfresser ihren Wirt zunächst töten und sich dann über dessen Futtervorrat hermachen, dient der Goldwespenlarve als Fleischfresser der Wirt selbst als Nahrung.

Um sich vor Angriffen zu schützen, können sich Goldwespen zu einer Kugel zusammenrollen. Der Hinterleib kann hierzu nach vorne, unter den Thorax geklappt werden. Er besitzt an seiner Unterseite eine Aushöhlung, in der die Beine versteckt werden können. Derartig, wie ein Igel zusammengerollt, stellt die Goldwespe für ihren Wirt eine unangreifbare Kugel dar (s. auch Bellmann 1995).

Krabbenspinne *(Thomisidae)* erbeutet Wildbiene beim Blütenbesuch

Nicht nur am Nest, sondern auch an der Blüte lauert eine Vielzahl von Feinden. Unter den Spinnen zeigen einige Krabbenspinnen (Familie Thomisidae) ein sehr interessantes Beutefangverhalten.

Krabbenspinnen sind leicht an ihren krabbenartig verlängerten Vordergliedmaßen zu erkennen. Viele sind Ansitzjäger und lauern mit aufgespannten Beinen in der Blüte oder versteckt hinter dem Blütenkelch auf Insekten, die sich zur Nahrungsaufnahme auf der Blüte niederlassen.

Die Veränderliche Krabbenspinne *(Misumena vatia)* zählt aus der Gruppe der Spinnen zu unseren häufigsten Blütenbewohnern. Sie kann zur Tarnung ihre Färbung der Blütenfarbe anpassen, so daß sie auf gelb- oder weißlich gefärbten Blüten nahezu unsichtbar ist.

Der Bienenwolf *(Philanthus triangulum)* lähmt erbeutete Honigbiene mit einem Stich

Der Bienenwolf *(Philanthus triangulum)* zählt zur Familie der Grabwespen (Sphecidae). Die etwa 13 bis 17 mm großen Weibchen graben ihre bis zu einem Meter langen Nestgänge oft in verfestigten, sandigen oder lehmigen Steilwänden. Ihre Nester können aber auch in ebener Erde gefunden werden. In unseren Städten haben sie in den Fugen auf Kopfsteinpflaster einen Ersatzlebensraum gefunden. Am Ende des Nestganges werden fünf bis zehn Brutzellen angelegt.

In der Nähe der Nestanlagen des Bienenwolfs kann dessen Beutefangverhalten an blütenreichen und von Honigbienen intensiv besuchten Pflanzen beobachtet werden. Der Bienenwolf patrouilliert zwischen den Blüten und fixiert, auf der Stelle fliegend, sammelnde Honigbienen. In einem blitzschnellen Angriff werden die Bienen erbeutet und mit einem Stich gelähmt.

Oft kann man beobachten, wie die Grabwespe ihre Beute durch Zusammenpressen des Hinterleibs zur Abgabe eines Nektartropfens veranlaßt und diesen als willkommene Nahrung aufsaugt.

Stichwort 1: Systematik der Hautflügler

Bienen und Wespen gehören zur Klasse der Insekten. Ihr Körper ist dreigeteilt, in Kopf, Bruststück (Thorax) und Hinterleib (Abdomen). Insekten besitzen drei Beinpaare, die am Bruststück ansetzen. Bienen und Wespen zeichnen sich ferner durch zwei paarige, häutige Flügel aus und werden deshalb unter dem Ordnungsnamen Hautflügler (Hymenoptera) geführt. Als Taillenwespen (Apocrita) besitzen sie eine tiefe Einschnürung zwischen Brust und Hinterleib. Diese Wespentaille verleiht ihnen zum Beuteerwerb aber auch bei der Verteidigung die nötige Beweglichkeit des Stachels. Bei den Pflanzenwespen (Symphyta) setzt der Hinterleib dicht am Bruststück an.

Die Weibchen der Wespen und Bienen verfügen über einen Wehrstachel (Stechimmen). Dieser Stachel ist im Laufe der Stammesgeschichte aus einem Legebohrer hervorgegangen. Innerhalb der Unterordnung der Taillenwespen ist dieser Legebohrer bei den parasitisch lebenden Schlupfwespen (Familie Ichneumonidae) noch funktionstüchtig. Diese Insektengruppe wird daher als Legimmen oder Legwespen von den Stechimmen (Stechwespen) abgetrennt.

Da der Stachel also als umgebauter Legebohrer angesehen werden kann, besitzen ihn männliche Bienen und Wepsen nicht. Sie können also nicht stechen und sind harmlos wie Stubenfliegen. Alle weiblichen Stechimmen dagegen verfügen über einen Stachel.

Klasse	INS								
Ordnung	HAUT								
Unter-ordnung	Pflanzen-wesen (Symphyta)								
Teil-ordnung		Legimmen (Terebrantes)							
Über-familie	Siricoidea	Ichneumonidea	Formi-coidea	Bethy-loidea	Sphe-coidea	Vespoidea			
Familie	Holz- und Schwert-wespen (Siricidae)	Eigentliche Schlupf-wespen (Ichneumonidae)	Ameisen (Formi-cidae)	Gold-wespen (Chrysi-didae)	Grab- und Sand-wespen (Sphe-cidae)	Falten-wespen (Vespidae)			
Unter-familie						Lehm-wespen (Eumeninae)	Papier-wespen	(Vespinae)	
Gattung/Art	Riesen-holzwespe (Urocerus gigas)	Ephialtes manifestator		Gemeine Gold-wespe (Chrysis ignata)	Bienenwolf (Philanthus triangulum)	Lehmwespe (Eumenes spec.)	Hornisse (Vespa crabro)	Deutsche Wespe (Paravespula germanica)	Gemeine Wespe (Paravespula vulgaris)

Zur Überfamilie der Bienenartigen (Apoidea) zählt man sieben bei uns heimische Familien. Hierher gehören beispielsweise die Ur- oder Seidenbienen (Colletidae), die Sandbienen (Andrenidae), die Blattschneiderbienen (Megachilidae), die Schmal- oder Furchenbienen (Halictidae), die Pelzbienen (Anthophoridae) oder die Melittidae (z.B. Schenkel-, Hosen- oder Sägehornbienen). Die Honigbiene stellt nur eine Art aus der Fülle der Bienen dar. Sie gehört zu den Echten Bienen (Apidae), zu denen unter anderem noch die Hummeln gerechnet werden.

Mit dem Begriff „Wildbienen" grenzt man alle Bienen (Einsiedlerbienen und Hummeln) von der Honigbiene ab.

Die Gruppe der Wespen stellt sich nicht so einheitlich dar. Im Sprachgebrauch versteht man unter "Wespen" die zur Überfamilie der Vespoidea gehörenden "Faltenwespen" (Vespidae). Sie zeichnen sich im allgemeinen durch eine deutliche schwarz-gelbe Bänderung ihres Körpers aus. Ihren Namen verdanken sie der Eigenart, ihre Flügel in Ruhestellung längs über dem Hinterleib zu falten. Die Tiere wirken daher deutlich schmaler als andere Wespen oder Bienen. Neben den einzeln lebenden Lehmwespen (Eumeninae) sind die sozial lebenden Faltenwespen (Vespinae) wohl die bekanntesten Vertreter dieser Gruppe.

EKTEN FLÜGLER

Taillenwespen (Apocrita)

Stechimmen (Aculeata)

		Apoidea						
	Ur- und Seidenbienen (Colletidae)	Echte Bienen (Apidae)				Sandbienen (Andrenidae)	Blattschneiderbienen (Megachilidae)	Schmal- und Furchenbienen (Halictidae)
		Honigbienenverwandte (Apinae)	Hummeln (Bombini)					
Sächsische Wespe (Dolichovespula saxonica)	Weidenseidenbiene (Colletes cunicularius)	Honigbiene (Apis mellifera)	Erdhummel (Bombus terrestris)	Ackerhummel (B. pascuorum)	Steinhummel (B. lapidarius)	Baumhummel (B. hypnorum)	Gelbfüßige Sandiene (Andrena flavipes)	Rote Mauerbiene (Osmia bicornis)	Blutbiene (Sphecodes albilabris)
								Wollbiene (Anthidium manicatum)	

Stichwort 2: Biene oder Wespe, wo liegt der Unterschied?

Bienen sind durch ihre mehr oder weniger starke Körperbehaarung gekennzeichnet, auch wenn bei einigen Arten diese Behaarung recht schütter ausfällt. Wespen sind stets haarlos und nackt. Die Behaarung dient dem Sammeln von Blütenstaub, der also in besonderen Einrichtungen an der Bauchseite oder an den Beinen transportiert wird.

Wespen sind meist auch schlanker und beweglicher, da sie ihre Beute erjagen und daher eine besondere Geschicklichkeit zeigen müssen. Bienen sind behäbiger, langsamer in den Bewegungen und wirken plumper im Habitus. Ihre Färbung ist nicht so deutlich gebändert eher beige-braun als gelb-schwarz. Natürlich gibt es mannigfaltige Abweichungen von diesem Schema.

So sind auch die Kuckucksbienen, die als Brutschmarotzer ihre Eier in die fertigen Nester anderer Bienenarten legen, sehr wespenähnlich. Sie benötigen keine Sammeleinrichtungen und sind meist auch kaum behaart.

Wollbiene

Gemeine Wespe

	Biene	**Wespe**
Behaarung	pelzig	nackt
Körperbau	plump	schlank
Bewegungen	behäbig, langsam	schnell, beweglich
Färbung	beige, braun	schwarz, gelb
Wespentaille	wenig deutlich	sehr deutlich
Hinterbeine	mehr oder weniger abgeflacht	drehrund
besondere Körperstrukturen	Sammeleinrichtungen für Blütenstaub (Hinterbiene oder Bauch)	ohne Sammeleinrichtungen
Eiweißbedarf:	ausschließlich Blütenstaub	ausschließlich tierisches Eiweiß (auch Aas)
Kohlenhydratbedarf:	nur Nektar und Honigtau	zuckerhaltige Säfte jeder Art
Blütenbesuch	Blütenstaub und Nektar	Nektar, aber keinen Blütenstaub, besuchen Blüten auch zur Jagd

Stichwort 3: Aufbau des Mauerbienennestes

Anfang (Initialzelle) und Ende (Atriumzelle) des „Linienbaus" der Roten Mauerbiene (Osmia bicornis) bilden meist je eine leere Zelle. Die Atriumzelle dient wahrscheinlich zur Vortäuschung eines leeren Nestes, um die eigene Brut vor Nesträubern (z.B. Specht, Kleiber oder Schlupfwespen) zu schützen. Die Funktion der Initialzelle ist noch unbekannt. Als Abschluß wird der kräftigere endgültige Nestverschluß gefertigt.

Durch die Lage des Pollenbrotes, die Ausrichtung der Eizellen oder durch Form und Struktur der Querwände ist im Nest möglicherweise eine Richtung zum Ausgang vorgegeben, an der sich die schlüpfenden Bienen orientieren können. Trotzdem müssen die im hinteren Ende des Nestes schlüpfenden Bienen warten, bis ihre "Vordermänner" das Nest verlassen haben.

Unabhängig davon, ob ein Ei nun als erstes oder letztes gelegt wurde, zum Ende des Sommers ist in allen Brutzellen die Entwicklung abgeschlossen. Erst die wärmenden Sonnenstrahlen des kommenden Frühjahrs werden die Töchter und Söhne der Nestgründerin aus den Nestern locken.

Der Linienbau der Mauerbiene

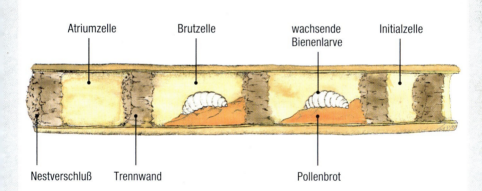

Stichwort 4: Methoden des Pollensammelns

Bienen haben sich auf Blütenstaub zur Eiweißversorgung ihrer Brut spezialisiert. Das Sammeln dieses Rohstoffs unterlag im Laufe der Stammesgeschichte einem besonders hohen Selektionsdruck. Gerade auf dem Sammelflug drohen den Bienen vielfältige Gefahren. Jene Biene war im Vorteil, die in besonders kurzer Zeit, mit sehr wenigen gefährlichen Aufenthalten außerhalb des Nestes und mit dem geringsten Energieaufwand den meisten Blütenstaub sammeln konnte. Heute können wir vier verschiedene Sammeleinrichtungen unterscheiden:

I. Kropfsammler

Diese Methode stellt die ursprüngliche Situation dar. Blütenstaub und Nektar werden verschluckt und im Magen zum Nest transportiert. Eine Trennung zwischen dem Treibstoff Nektar, der zur Eigenversorgung benötigt wird, und dem Larvenfutter Blütenstaub ist nicht möglich. Auch die Transportkapazität ist durch das geringe Volumen des Honigmagens begrenzt.

Einen wesentlichen Vorteil brachte es, den Blütenstaub auf der Körperoberfläche, dort wo er sich beim Blütenbesuch ja auch in der Körperbehaarung verfängt, zu transportieren. Es entwickelten sich zwei Hauptstrategien in der weiteren Evolution: die Bauch- und die Beinsammler:

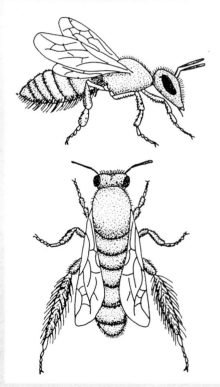

Unterscheidung Bauchsammler (oben) und Beinsammler (unten)

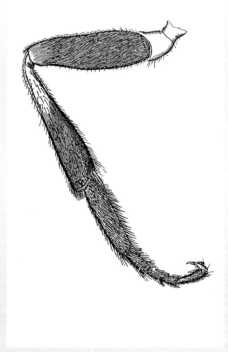

Hinterbein der Maskenbiene (Prosopis bipunctata)

II. Bauchsammler

Zu dieser Gruppe gehören die Blattschneiderbienen. Sie besitzen an der Unterseite des Hinterleibs eine Bauchbürste, in welcher der gesammelte Pollen zum Nest transportiert wird.

III. Beinsammler

Sammeleinrichtungen an den Beinen wurden bei vielen Bienenfamilien entwickelt. Sandbienen z.B. besitzen eine charakteristische Haarlocke (Floculus) am Schenkelring (Trochanter) des hinteren Beinpaares, in welcher hauptsächlich der Pollen eingelagert wird. Andere Bienen, so die Furchenbienen, besitzen spezielle Haare an den Schienen. Durch besonders starke Beinbehaarung ist die Hosenbiene gekennzeichnet.

IV. Körbchensammler

Die größte Spezialisierung zeigen die Honigbiene und die Hummeln. Sie sammeln den Pollen, der mit Nektar angefeuchtet wird, um eine besonders dichte Packung zu ermöglichen, in speziellen Körbchen der Hinterbeine. Hummeln können in diesen Körbchen bis zu 60 mg Pollen transportieren, dies entspricht etwa der Hälfte ihres Körpergewichts.

Sammelbein der Hosenbiene
(Dasypoda plumipes)

Sammelbein der Honigbiene
(Apis melliferu)

Stichwort 5: Die wichtigsten Merkmale der Hummeln

Kennzeichen	Hummelart	Rüssellänge Königin	Volksgröße (Anzahl Hummeln)	Flugzeiten	Pollenlagerung
	Dunkle Erdhummel (Bombus terrestris)	9-10 mm	100-600	März-Okt.	Topfmacher
	Helle Erdhummel (Bombus lucorum)	9-10 mm	100-400	März-Okt.	Topfmacher
	Wiesenhummel (Bombus pratorum)	12-14 mm	50-120	März-Juli	Topfmacher
	Steinhummel (Bombus lapidarius)	12-14 mm	100-300	April-Okt.	Topfmacher
	Baumhummel (Bombus hypnorum)	11-12 mm	80-400	April-Aug.	Topfmacher
	Ackerhummel (Bombus pascuorum)	13-15 mm	60-100	April-Okt.	Taschenmacher
	Gartenhummel (Bombus hortorum)	19-21 mm	300-400	April-Juli	Taschenmacher
	Waldhummel (Bombus sylvarum)	12-14 mm	80-150	April-Okt.	Taschenmacher

Stichwort 6: Die wichtigsten Merkmale der Wespen

Hornissen

Hornisse
(Vespa crabro)

geschützt

Kennzeichen:
Größe:
K: 25-35 mm
A: 18-25 mm
M: 21-28 mm

Kopf und Thorax: ± rot
Volksstärke: 100 - 700
Flugzeit: Mai - Okt.

Kopfschild ohne Zeichen

Nest:
Material: morsches Holz
Farbe: ocker, braun
muschelförmige Lufttaschen
stark strukturiert
freihängend,
Nestöffnung breit unten wie
abgeschnitten

Nistweise, Lebensraum:
Misch- und Auwälder
Parklandschaften
Siedlungsbereich
große Baumhöhlen
Nistkästen
Dachböden
Rolladenkästen
Schuppen

Dunkelhöhlenbrüter

Langkopfwespen

Mittlere Wespe
(Dolichovespula media)

gefährdet

Kennzeichen:
Größe:
K: 18-22 mm
A: 15-19 mm
M: 15-19 mm

Thorax nur oben: rötlich braun
Volksstärke: max 200
Flugzeit: April - Sept.

Kopfschild mit Strich

Nest:
Material: lebendes Pappelholz
Farbe: hellgrau, farbige Streifen
wasserabweisend
Lufttaschen freihängend
zitronenförmig
stark strukturiert
Nestöffnung seitlich, Einflugstutzen

Nistweise, Lebensraum:
wassernahes buschreiches
Gelände
heckenreiche Siedlungsbereiche
Nest im Gebüsch oder im Geäst
von Bäumen, Dachvorsprünge
niemals in dunklen Räumen
liebt Licht

Freibrüter

Norwegisch Wespe
(Dolichovespula norwegica)

nicht häufig

Kennzeichen:
Größe:
K: 15-19 mm
A: 12-15 mm
M: 14-16 mm

Abdomen: rötliche Ecken
Volksstärke: 200-300
Flugzeit: April - Sept.

Kopfschild mit Zeichen

Nest:
Material: gesundes/verwittertes
Holz
Farbe: grau bis graugelb
Oberfläche: glatt, gemasert
freihängend, erdbeerförmig
in dichtem Strauchwerk
Nestöffnung seitlich

Nistweise, Lebensraum:
Waldtier
Nest in Erdnähe
oft in Erdhalbhöhlen

Halbhöhlenbrüter

Stichwort 6: Die wichtigsten Merkmale der Wespen

Langkopfwespen

Sächsische Wespe
(Dolichovespula saxonica)

nicht gefährdet

Kennzeichen:
Größe:
K: 15-19 mm
A: 11-15 mm
M: 13-15 mm

Volksstärke: 200-300
Flugzeit: April - Sept.

Kopfschild mit dreiteiliger Zeichnung

Nest:
Material: verwittertes Holz
Farbe: grau
Oberfläche glatt
freihängend, immer oberirdisch
herzförmig, schwach gemustert
in dichtem Strauchwerk
Nestöffnung seitlich

Nistweise, Lebensraum:
bewaldetes Hügelland
offene Landschaft
Siedlungsbereich
Dachgebälk, Schuppen
auch in Hecken

Freibrüter

Waldwespe
(Dolichovespula sylvestris)

nicht gefährdet

Kennzeichen:
Größe:
K: 15-19 mm
A: 13-15 mm
M: 14-16 mm

Volksstärke: 200-300
Flugzeit: April - Sept.

Kopfschild mit oder ohne Punkt

Nest:
Material: verwittertes Holz, Pappeln
Farbe: grau, graugelb
Oberfläche glatt

Nistweise, Lebensraum:
freihängend, kugelförmig
oberirdisch
gelegentlich in Halbhöhlen
bewaldetes Hügelland
Siedlungsbereich
Dachgebälk, Schuppen
auch in Büschen und im Geäst

Freibrüter

Kurzkopfwespen

Rote Wespe
(Vespula rufa)

nicht gefährdet

Kennzeichen:
Größe:
K: 15-19 mm
A: 10-14 mm
M: 13-16 mm

Abdomen: rötliche Ecken
Volksstärke: 100-200
Flugzeit: April - Sept.

Kopfschild mit schwarzem, gezacktem Längsstreifen

Nest:
Material: verwittertes Holz
Farbe: grau, graugelb
Oberfläche glatt, strukturiert
ohne ausgeprägte Lufttaschen
ausschließlich unterirdisch

Nistweise, Lebensraum:
Berg- und Hügelland
Siedlungsbereich
in Mäuse- oder Maulwurfsgängen
an feuchteren Stellen
kleine Nester

Bodenbrüter

Feldwespen

Deutsche Wespe
(Paravespula germanica)

häufig

Gemeine Wespe
(Paravespula vulgaris)

häufig

Gallische Wespe
(Polistes dominulus)

im Norden selten

Kennzeichen:
Größe:
K: 17-20 mm
A: 12-16 mm
M: 13-17 mm

Volksstärke: 1.000-7.000
Flugzeit: Mai - Okt.

Kopfschild mit bis zu drei Punkten

Nest:
Material: verwittertes Holz
Farbe: grau
muschelförmige Lufttaschen
unterirdisch oder in dunklen
Höhlen, mehrere Nesteingänge
Form variabel, Raum angepaßt

Nistweise, Lebensraum:
kommt in fast allen Landschaftsbereichen vor
in Mäuse- oder Maulwurfsgängen
die erweitert werden
Zwischendecken
Dachböden

Dunkelhöhlenbrüter

Kennzeichen:
Größe:
K: 16-19 mm
A: 11-14 mm
M: 13-17 mm

Volksstärke: 1.000-5.000
Flugzeit: Mai - Okt.

Kopfschild mit Anker

Nest:
Material: morsches Holz
Farbe: ocker, braun
muschelförmige Lufttaschen,
unterirdisch oder in dunklen Höhlen
Nestoberfläche reich strukturiert
Form variabel, Raum angepaßt

Nistweise, Lebensraum:
kommt in fast allen Landschaftsbereichen vor
in Mäuse- oder Maulwurfsgängen,
die erweitert werden
Zwischendecken, Dachböden etc.

Dunkelhöhlenbrüter

Kennzeichen:
Größe:
K: bis 18 mm
A: bis 15 mm
M: 14-16 mm

Abdomen sich allmählich
verdickend, Beine verlängert,
im Flug hängend
Volksstärke: 10-30
Flugzeit: April-Herbst

Kopfschild mit Punkt

Nest:
Material: verwittertes Holz
Farbe: grau ohne Hülle
oberirdisch in umschlossenen
Räumen

Nistweise, Lebensraum:
wärmeliebend
nur im Süden häufig
im Norden selten
in Siedlungsrandzonen
Dachböden, an Dachziegeln

Freibrüter

Zeichnungen entnommen aus Ripberger und Hutter 1992

Bienenwolf *(Philanthus triangulum)* transportiert erbeutete Honigniene zum Nest

Zum Transport der Beute wird diese auf den Rücken gedreht und unter dem Bauch zum Nest transportiert.

Jede Brutzelle wird für eine weibliche Larve mit 3-6, für eine männliche mit 2-3 Honigbienen gefüllt, bevor auf die letzte eingetragene Biene das Ei abgelegt wird. Die gelähmten Bienen dienen der heranwachsenden Larve als „Frischkonserve". Bereits nach einer Woche ist der Nahrungsvorrat verbraucht und die Bienenwolf-Larve spinnt einen Kokon, in dem sie bis zum folgenden Frühjahr überdauert. Die Flugzeit des Bienenwolfs ist Juni bis etwa September.

Da das Bienenwolf-Weibchen bis zu 30 Brutzellen anlegt, die etwa mit 300 bis 600 Bienen verproviantiert werden, können dort, wo der Bienenwolf in großen Kolonien vorkommt, Honigbienen in großer Zahl erbeutet werden. Die Flugzeit des Bienenwolfs fällt allerdings in jene Zeit, in der die Honigernte weitgehend abgeschlossen ist. Die Bienenvölker bereiten sich auf den Winter vor. Durch das natürliche Absterben der alten Sammelbienen wird die Individuenzahl der Honigbienenvölker von ca. 40 000 auf etwa die Hälfte reduziert. Die abgehenden Sammlerinnen stellen die Hauptnahrung des Bienenwolfs dar.

Früher haben Imker diese sehr interessante Grabwespe verfolgt, weil sie glaubten, sie könne ihren Bienen erheblich schaden. Heute wissen sie, daß sie als natürliche Gegenspielerin für ein ausgewogenes Miteinander in der Natur sehr wichtig ist.

Lebensweise der Wespen
Sozial lebende Faltenwespen (Vespidae)

Ihren Namen verdanken die Faltenwespen ihrer Eigenschaft, die Vorderflügel in Ruhelage längs zu falten. Anders als bei den schon vorgestellten Bienen und Hummeln wirken die Tiere hierdurch deutlich schlanker.

Unterscheidung der wichtigsten Faltenwespen anhand ihrer Gesichtszeichnung

Die häufigsten Wespenarten lassen sich leicht an der Form und der Zeichnung ihres Kopfes unterscheiden. Bei der Gemeinen Wespe *(P. vulgaris, Dia 24a)* und Deutschen Wespe *(Paravespula germanica, Dia 24b)* setzen die Mandibeln direkt unter den Facettenaugen an. Ihr Kopf wirkt kürzer, etwas runder in der Form. Sie werden als "Kurzkopfwespen" den "Langkopfwespen" gegenübergestellt. In diese erste Gruppe gehört auch die Rote Wespe (Vespula rufa).

Die Sächsische Wespe *(Dolichovespula saxonica, Dia 24c)* besitzt einen mehr oder weniger langen Abstand zwischen Augen und Mandibeln und zählt daher zu den "Langkopfwespen", zu denen man noch die Waldwespe *(Dolichovespula sylvestris)*, die Norwegische Wespe *(D. norwegica)* und die Mittlere Wespe *(D. media)* rechnet.

Die Hornisse *(Vespa crabro, Dia 24d)* hat mit den Langkopfwespen die verlängerten Wangen gemein, nimmt jedoch eine Sonderstellung ein.

Als weiteres Unterscheidungsmerkmal wird die Zeichnung des Kopfschildes herangezogen. Die Deutsche Wespe besitzt hier drei schwarze Punkte, während die Gemeine Wespe durch einen schwarzen Fleck in Form eines Hammers gekennzeichnet ist.

Die Sächsische Wespe trägt auf dem Kopfschild einen schmetterlingsförmigen schwarzen Fleck.

Hornissen haben ein einheitlich gelb gefärbtes Kopfschild.

Wespenkönigin überwintert in Wildbienen-Nisthilfe

Im zeitigen Frühjahr, sobald es warm genug wird, verlassen die Jungköniginnen der Deutschen und der Gemeinen Wespe ihre Winterquartiere. Meist ist es ein kleiner Hohlraum oder eine Nische, wo sie vor Fraßfeinden geschützt überwintert haben. Auf diesem Bild ist es eine unbenutzte Nisthilfe für Wildbienen, die den Winter über Schutz bot.

Die junge Wespenkönigin muß nun ganz allein ihr Volk gründen. Die Wahl eines geeigneten Nistplatzes sowie der Nestbau und die Aufzucht der ersten Töchter sind zunächst allein ihre Aufgaben. Diese Phase der Nestgründung ist für die Wespenkönigin sehr riskant. Neben natürlichen Freßfeinden ist auch der Mensch eine große Gefahrenquelle. Durch mutwilliges und unnötiges Zerstören der Nester werden viele Staatenneugründungen zunichte gemacht.

Wespenarbeiterin sammelt Baumaterial für das Nest

Je nach Wespenart werden Fasern von verwittertem oder morschem Holz, aber auch gesundes Holz (z.B. Pappeln), als Baumaterial genutzt. Die Färbung der Nester ist daher für die jeweilige Wespenart charakteristisch. Hat die junge Wespenkönigin eine erste kleine Wabe, bestehend aus weniger als zehn Zellen, umgeben von einer nach unten offenen, halbkugelförmigen Nesthülle, gebaut, werden die Zellen mit Eiern versehen. Die Wespenwabe besteht aus sechseckigen Zellen, die sich nach unten öffnen, so daß die Larven kopfüber in den Zellen hängen. Durch deutlich hörbares Kratzen an den Zellwänden fordern die nach wenigen Tagen schlüpfenden Larven eiweißreiche Nahrung in Form von frisch erbeuteten Insekten. Bei der Gemeinen und Deutschen Wespe wird auch Aas verfüttert. Quasi als Dank für die Nahrung geben die Larven den Arbeiterinnen einen Flüssigkeitstropfen ab. Die Larven stellen lebende Vorratsbehälter dar, die in Zeiten der Not, z.B. bei längeren Schlechtwetterperioden, das Überleben des Volks sichern.

Sind die ersten Arbeiterinnen geschlüpft, konzentriert sich die Königin nur noch auf die Eiablage.

Arbeiterin der Gemeinen Wespe *(Paravespula vulgaris)* beim Bau des Papiernestes

Die deutlich kleineren Arbeiterinnen erweitern ständig das Nest. Die Kolonie wächst den ganzen Sommer über und kann bei guter Futterversorgung erstaunliche Ausmaße erreichen. Bei der Deutschen und der Gemeinen Wespe werden Volksstärken von mehreren tausend Tieren beobachtet. Ihre Nester können Durchmesser von 50 cm erzielen. Die mit Speichel zu einem Brei verarbeiteten Holzfasern werden mit den Mandibeln zu papierähnlichen Wänden ausgezogen. So entstehen neue Zellen und die isolierende Nesthülle. Das wachsende Wespennest unterliegt ständigen Umbauarbeiten. An den Rändern der Wabenteller werden neue Brutzellen geformt. Die hierzu notwendige Vergrößerung des Innenraums geschieht durch Abtragen der mehrschichtigen Nesthülle und dem Aufbau neuer isolierender Wandschichten an der Nestoberfläche.

Im Spätsommer, auf dem Höhepunkt der Entwicklung des Wespenstaates, werden Geschlechtstiere herangezogen. Die Paarung findet außerhalb des Nestes statt. Die begatteten Töchter suchen einen sicheren Überwinterungsplatz. Erst im nächsten Jahr gründen sie als Jungköniginnen ihren eigenen neuen Staat.

Wenn die ersten Nachtfröste einsetzen, geht das Wespenvolk zugrunde und das filigrane Papierkunstwerk zerfällt. Das alte Nest wird nicht wieder neu besiedelt. Wespenstaaten sind einjährig. In der Nähe des alten Nistplatzes wird manchmal ein neues Nest angelegt.

Das freihängende Nest der Sächsischen Wespe *(Dolichovespula saxonica)*

Die Sächsische Wespe hat oft unter dem schlechten Ruf der Wespen zu leiden, doch ist sie eine der friedlichen Arten und nie an der Kaffeetafel zu sehen. Da ihre Nester auf Dachböden oder in Schuppen frei und gut sichtbar hängen, werden sie oft aus Unwissenheit zerstört. Die wirklichen "Plagegeister" unter den Wespen, die Deutsche und Gemeine Wespe, legen ihre Nester oft unterirdisch an und entgehen so dieser Verfolgung. Durch das Vernichten der Sächsischen Wespe werden deren Nahrungskonkurrenten, die lästigen Arten, sogar gefördert.

Blick in den Wabenbau der Sächsischen Wespe (Dolichovespula saxonica)

Dieses Dia gestattet einen Blick in ein geöffnetes Wespennest der Sächsischen Wespe. Man sieht deutlich die Zellen, in welche die Königin Eier gelegt hat und Zellen, in denen Larven hängen.

Die Sächsische Wespe baut freihängende, anfangs kugelige Nester. Mit zunehmender Größe wird das Nest nach unten ausgezogen. Auffallend bei den Nestern ist der seitliche Eingang an der Nestunterseite. Die Nestoberfläche ist nahezu glatt, wenig strukturiert und einheitlich grau.

Portrait der Hornisse *(Vespa crabro)*

Hornissen sind die größten Vertreter der sozialen Faltenwespen. Durch ihre imposante Erscheinung haben sie sehr zur Legendenbildung beigetragen. So hält sich noch immer die Mär von den sieben Stichen, die ein Pferd und den drei Stichen, die gar einen Menschen töten sollen. Hornissen sind zwar doppelt so groß wie Wespen, ihr Stich ist jedoch in seiner Wirkung mit demjenigen anderer Wespen und Bienen vergleichbar.

Gemäß wissenschaftlichen Untersuchungen wären mehr als tausend Stiche notwendig, einen erwachsenen Menschen von 70 kg in Lebensgefahr zu bringen. In einem Hornissennest wird selbst bei sehr großen Nestern selten diese Volksstärke erreicht.

Hornissenkönigin an kleinem Nest

Auch bei den Hornissen beginnt die Königin, nachdem sie etwa Anfang Mai ihr Winterquartier verlassen hat, mit dem Bau des Nestes. Vorjahresnester werden niemals wiederbesiedelt, doch sucht die junge Hornissenkönigin in der näheren Umgebung ihres Geburtsortes nach einem geeigneten Nistplatz. So kann es geschehen, daß im folgenden Jahr am gleichen Ort ein Hornissennest zu finden ist. Die zunächst kleine Anfangswabe wird mit einem kurzen Stiel an der Decke befestigt und mit einer halbkugelförmigen Hülle umgeben. Die Königin legt Eier in die Zellen. Nach 5-8 Tagen schlüpfen die Larven. Die Hornissenkönigin versorgt ihre Brut zunächst mit einem Drüsensekret.

Jahreszyklus der Hornisse *(Vespa crabro)*

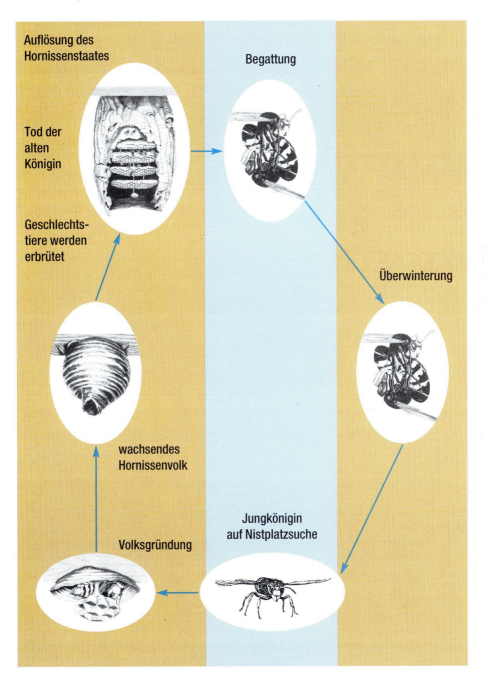

Nach einigen Tagen geht sie zu tierischer Kost über und verfüttert zu Fleischbrei verarbeitete Insekten. Oft findet man sie in dieser Zeit um den Stiel der Wabe eingerollt ruhend. In dieser Stellung wärmt die Hornisse ihre Brut. Die Freßphase der Larven dauert 12-14 Tage. Nach einer etwa dreizehn bis fünfzehntägigen Puppenruhe schlüpfen die ersten Arbeiterinnen. Sie helfen der Königin und übernehmen bald alle Tätigkeiten im Nest.

Hornissennest im Vogelkasten

Die junge Hornissenkönigin sucht sich oft Vogelnistkästen als Behausung. Echte Vogelfreunde sollten sich als Naturfreunde auch über diese Bewohner freuen. In unserer ausgeräumten Landschaft bleiben den Hornissen wenig natürliche Hohlräume, denn alte Bäume, in die Spechte ihre Höhlen hämmern könnten, bleiben nur selten stehen. Wird ein Hohlraum zu klein, kommt es vor, daß ein sogenanntes Satellitennest an einer geeigneten Stelle gebaut wird und das Volk im Laufe der Zeit umzieht. Zunächst wechselt die Königin in die neue Behausung. Solange noch Brut im alten Nest ist, wird diese von einem Teil der Arbeiterinnen noch versorgt, bis schließlich alle Larven als erwachsene Tiere in das neue Nest umsiedeln.

Die Bedeutung der Hornissen spiegelt sich darin wieder, daß der Gesetzgeber sie neben den Bienen unter Schutz gestellt hat.

Ökologische Bedeutung der Faltenwespen

Gesundheitspolizei unter den Insekten: Wespe an verendetem Maulwurf

Hornissen erbeuten hauptsächlich andere Insekten, die sie im Flug erjagen. Sie werden daher auch die Falken unter den Wespen genannt.

Die Deutsche Wespe und die Gemeine Wespe, also jene Arten, die uns Menschen lästig werden und oft an Kaffeetafeln zu finden sind, nehmen auch Aas an, was mit dem Dia eindrucksvoll dokumentiert wird. Es zeigt eine Arbeiterin der Gemeinen Wespe, wie sie vom Kadaver eines Maulwurfs Fleischbrocken mit Hilfe ihrer scharfen und kräftigen Mandibeln abschneidet.

Gerade in der Beseitigung von Aas kommt diesen beiden Wespenarten in unseren besiedelten Bereichen eine wichtige Aufgabe zu.

Regulatoren im Naturhaushalt: Wespe beim Zerlegen einer erbeuteten Schnake

Schadinsekten werden als solche erst bezeichnet, wenn sie in Massen auftreten und Kulturpflanzen, Nutztiere oder Vorräte des Menschen schädigen. Wespen greifen hier im Naturhaushalt regulierend ein, indem sie sich massenhaft vermehrende Arten erbeuten und so zu einer relativ gleichmäßigen Populationsdichte ihrer Beutetiere beitragen.

Das Dia zeigt, wie eine Wespenarbeiterin die erbeutete Schnake (Familie Tipulidae) zu einem transportgerechten Paket verarbeitet. Beine und Flügel werden mit den Mandibeln abgebissen. Vornehmlich an der eiweißreichen Flugmuskulatur ist die Arbeiterin interessiert.

Wer sich über die große Zahl von Wepsen in manchen Jahren beschwert, sollte sich bewußt machen, daß ein Wespennest unter anderem dann gute Entwicklungsmöglichkeiten hatte, wenn die Nahrungsgrundlagen optimal waren. Je mehr Individuen also in einem Nest zu finden sind, um so mehr Insekten wurden erbeutet.

Auf der Speisekarte von Wespen stehen u.a. alle Arten von Fliegen, viele Forstschädlinge, Schmetterlinge, deren Raupen, aber auch kleinere Wespenarten, Wild- und Honigbienen sowie Heuschrecken,

Libellen und Spinnen. Man hat berechnet, daß ein starkes Hornissenvolk pro Tag etwa 500 g Insekten an seine Brut verfüttert. Dies entspricht der Tagesration, die fünf Meiseneltern für ihre Jungen verfüttern.

Lehmwespe trägt erbeutete Schmetterlingsraupe ein

Aber auch die einzeln lebenden Verwandten der sozialen Faltenwespen leisten ihren Beitrag zur Regulation der Schadinsekten. Obwohl jedes Tier nur relativ wenig Beute machen kann, wird dies durch ihre hohe Individuenzahl ausgeglichen. Auf dem Bild sieht man eine Lehmwespe (Familie Eumenidae), die eine Schmetterlingsraupe erbeutet und mit einem Stich gelähmt hat und nun zwischen ihren Beinen verstaut zum Nest transportiert (Dia 35a).

Das Nest der Lehmwespe

Dort wurden bereits viele Larven eingetragen. Auf dem Dia 35b ist der lineare Nestbau der Lehmwespe zu sehen. Jede Zelle wurde mit den Larven verschiedener Falter (Familie Noctuidae) vollgestopft. Bei zwei Zellen ist das Wespenei zu sehen. Es wurde an der Rückseite der Querwände, kurz vor dem Verschluß der Zelle angeheftet. Die heranwachsende Larve ernährt sich von den Falterlarven. Im folgenden Jahr werden die Töchter dieser Lehmwespe die Aufgabe ihrer Mutter als "Biologische Schädlingsregulierer" fortführen.

Vom Verhalten gegenüber Wespen an Kaffeetafel und im Nestbereich

Wespe an Pflaumenkuchen naschend

Gerade dann, wenn die Sonne scheint und man sich gern in Gartenwirtschaften eine Erfrischung gönnt, sind Wespen zur Stelle. Auch sie interessieren sich für die süßen Säfte oder das eiweißreiche Schinkenbrot. Ein Interessenskonflikt zwischen Mensch und Wespe, der mit einem Stich enden kann. Das müßte nicht sein, wenn man sich richtig zu verhalten wüßte.

Wespen, die auf Nahrungssuche sind, reagieren nicht aggressiv, im Gegenteil, sie sind sehr scheu, ja ängstlich und weichen bei Abwehr zurück. Erst wenn das Insekt um sein Leben fürchten muß, wehrt es sich mit seinem Stachel. Panik ist daher oft der erste Schritt in Richtung Stich.

Zur Vermeidung von Wespenstichen ist folgendes zu raten:

◆ Das Verhalten der Wespen ruhig beobachten, damit die Tiere nicht versehentlich gequetscht werden.

◆ Nicht nach Wespen schlagen. Sie sehen mehr als 200 Bilder/Sekunde und reagieren daher wesentlich schneller als der Mensch.

◆ Nicht aus einem Glas trinken, ohne vorher hineingeschaut zu haben. Trinkgläser mit süßen oder alkoholischen Getränken abdecken. Aus Dosen sollte man - wenn überhaupt - nur mit dem Strohhalm trinken.

◆ Kleine Kinder sollten im Freien nicht unkontrolliert süße Säfte trinken. Die süßen Düfte aus den Mündern der Kinder ziehen Wespen an und provozieren Stiche in den Mundbereich.

◆ Auch die wie bunte Blüten markierten Marmeladen- oder Schokoladenmünder von Kleinkindern wirken auf Wespen wie Wirtshausschilder.

◆ Wespen lernen, wo es Futter gibt. Der Frühstückstisch, auf dem Wurst, Käse und Marmelade einladend offen angeboten werden, wird zu einer festen Station auf ihren Suchflügen. Marmeladengläser sollte man also direkt nach Gebrauch schließen und die Wurst gehört wie der Käse unter eine Glocke.

- Wenig hilft es, Flaschen mit gärenden Säften als Wespenfallen aufzuhängen, nicht nur, daß die Tiere hier qualvoll sterben, diese Düfte ziehen nur immer wieder neue Wespen an, die suchend umherfliegen. Auszählungen ergaben, daß neben Hornissen auch mehr als 10% Honigbienen in den Flaschen den Tod fanden. Ein bewährtes Abwehrmittel ist dagegen Nelkenöl, welches in Duftkombinationen angeboten wird, die auf Terrasse und Balkon die Wespenplage mindern helfen.
- In Glascontainer sollten nur ausgespülte Flaschen gegeben werden. Ebenso sollten Mülleimer, die von Wespen angeflogen werden, regelmäßig geleert werden oder mit einem wespendichten Verschluß versehen sein.
- Im Nestbereich verteidigen Wespen ihre Brut gegen Feinde und reagieren auf Störungen aggressiv. Doch geht von keinem Nest eine akute Gefahr aus. Meist werden die Nester erst entdeckt, wenn der Wespenstaat schon eine stattliche Größe erreicht hat. Das Wissen um die Lage eines Nestes ist aber schon eine entscheidende Hilfe, um ungewollte Zwischenfälle zu vermeiden.

Richtiges Verhalten in Nestnähe:

- Schnelle Bewegungen und Erschütterungen vermeiden.
- Der Nesteingang sollte nicht versperrt werden, um die Orientierung der Insekten nicht zu stören. Auf keinen Fall dürfen Einfluglöcher verstopft werden.
- Hornissen fliegen auch bei Dunkelheit. Erleuchtete Fenster stören ihre Orientierung. In der Nähe von Hornissennestern sollte man daher nachts Beleuchtung vermeiden und Fenster geschlossen halten oder mit Fliegengaze bespannen.

Nisthilfen

Mit künstlichen Nisthilfen wird nur solchen Insekten geholfen, die hier einen Ersatzlebensraum finden können. Viele gerade der gefährdeten Arten können aber nur durch den Erhalt und die nachhaltige Entwicklung ihrer Lebensräume geschützt werden. Auch werden sich an den Nisthilfen vermehrt Kulturfolger einfinden.

So wird oft kritisiert, daß Nisthilfen nutzlos sind, da sie keinen effektiven Schutz der Wildbienen und Einsiedlerwespen darstellen. Doch wie soll man in der Bevölkerung Interesse und Verständnis für diese Tiergruppe erreichen, wenn man den Menschen nicht vor Augen führt, was sie einmal vermissen werden, bevor sie es überhaupt gekannt haben. Nisthilfen in Kindergärten, Schulen, Lehrbienenständen und Naturschutzzentren sensibilisieren uns für den Schutz dieser bedrohten Arten, für den Schutz unserer heimischen Lebensräume. Sie schaffen Verständnis für mehr Natur in unseren Gärten und Städten. Wer eine Tiergruppe durch eigene Anschauung kennengelernt hat, wird sich für sie einsetzen, wird bereit sein, sein eigenes Verhalten zu ändern, um diesen Mitgeschöpfen mehr Lebensraum zu geben. Aus diesem Grund wünschen wir uns an jedem Balkon und in jedem Garten Nisthilfen für Hautflügler.

Nisthilfen für Wildbienen

Nisthilfen für Wildbienen kann jeder ohne viel Mühe selber herstellen. Im Garten, ja selbst auf Balkon und Fensterbrett bieten sie einer Vielzahl von Stechimmen Brutgelegenheit. Doch fliegen die einzelnen Arten oft nur wenige Wochen.

Nisthilfen für Bewohner vorhandener Nestgänge

Verschiedene Nisthilfen

Bei der Herstellung der Nisthilfen sind der Phantasie keine Grenzen gesetzt.

Abgelagertes Hartholz (z.B. Buche, Eiche, Esche, Obstgehölz), welches auf keinen Fall mit einem Holzschutzmittel behandelt sein darf, kann als Nisthilfe dienen. Weiches Nadelholz eignet sich nicht so gut für deren Fertigung, da es Harz absondert, Faserbildung zeigt und zu schnell verwittert. Die Form des Holzstückes ist dagegen völ-

lig unwichtig. So können Rund-, Kanthölzer oder Holzreste ebenso verwendet werden, wie Äste, Baumscheiben oder Kaminholz. Die Hartholzstücke werden mit waagerechten Bohrungen von 2-10 mm Durchmesser und etwa 5-10 cm Länge versehen. Als Faustregel gilt, daß die Tiefe der Bohrlöcher einer ganzen Bohrerlänge entsprechen sollte (oder: Durchmesser in mm = Tiefe in cm). Empfehlenswert ist die Kombination verschiedener Nestgrößen, doch sind Bohrweiten von 3-8 mm zu bevorzugen. Zwischen den größeren Bohrungen ist ein Abstand von etwa 2 cm einzuhalten, um ein zu starkes Reißen des Nistholzes zu vermeiden. Ebenso müssen querstehende Holzfasern abgeschliffen und das Bohrmehl sollte ausgeklopft werden, denn verstopfte oder gespaltene Gänge besiedeln die Insekten nicht gern. Auch müssen die Bohrungen an ihrem hinteren Ende verschlossen sein.

Bambusrohr unterschiedlicher Größe, jeweils mit dem Knoten als natürliche Nestbegrenzung nach hinten in eine schützende Umhüllung (z.b. Holzkasten, Konservendose, PVC-Rohr) gesteckt, gehört zu den sichersten Methoden. Ebenso kann man mit Holunderzweigen, Brombeerranken sowie Schilf- und Strohhalmen (z.b. Trinkhalme aus Naturstroh) verfahren. Füllt man erst etwas Gips in den Behälter, sitzen die Niströhrchen fester und fallen nicht heraus. Notfalls reicht es aber auch, wenn man die Stengel fest zusammenbindet und mit einem Regenschutz (z.b. Dachpappe) versieht.

Markhaltiger Stengel

Für jene Insekten, die ihre Nester in senkrecht stehenden, markhaltigen Zweigen und dürren Ästen von z.B. Holunder, Brombeere und Himbeere sowie Heckenrose oder Disteln anlegen, können etwa 1 m lange Stengel dieser Pflanzen zu Bündeln zusammengebunden aufgestellt werden.

Niststeine

Für Insekten, die im Mauerwerk nisten, können Niststeine aus Holzbeton (Schwegler) oder gebranntem Ton (Fockenberg) käuflich erworben werden. Gerade Mauerbienen nisten gern in sogenannten Hohlstrangfalzziegeln (Jungmeier), die früher im Süden Deutschlands als Dachziegel Verwendung fanden. Diese Ziegel können über den Dachdeckerfachhandel bezogen werden und sollten mehr Verwendung z.B. als Mauerabdeckung finden. In Trockenmauern eingebaut oder einfach aufgestapelt helfen sie, dem Nistplatzmangel vieler Hautflügler entgegenzuwirken.

Ferner weisen einige Lochziegel Hohlräume in passender Größe auf. Man kann aber auch Ziegelsteine, Basalt- oder Granitblöcke mit Bohrungen versehen. Klinkersteine derartig vorbereitet, könnten, im Mauerwerk eingebaut, über lange Zeit eine preiswerte Nisthilfe darstellen.

Bims- oder Ytongsteine eignen sich wegen ihrer hohen Wasseraufnahme nicht.

Nisthilfen für Bewohner von Steilwänden

Gerade jene Arten, die in Steilwänden und Abbruchkanten ihre Nester bauen, finden im Siedlungsbereich wenig Ersatzlebensräume. Ihnen kann durch „Mini-Steilwände" geholfen werden. Hierzu wird ein Holzkasten oder ein Blumenkasten aus Eternit (natürlich asbestfrei) von mindestens 15 cm Tiefe mit lößartigem Material gefüllt. In die Steilwand sollten Löcher von 5-8 mm Durchmesser gebohrt werden. Es empfiehlt sich, die Mini-Steilwand mit einem kleinen Dach zum Schutz gegen Regen und zu schnelles „Verwittern" zu schützen. Bei der Wahl des Füllmaterials sollte die Körnung nicht zu fein sein. Tonige Materialien werden zu fest, hier können keine eigenen Gänge gegraben werden. Ein Substrat erweist sich dann als geeignet, wenn man es leicht abkratzen kann (s. auch Westrich 1997).

Grundsätzliches zum Anbieten von Nisthilfen

Alle Nisthilfen sollten an einer trockenen, sonnig-warmen und windgeschützten Stelle fest installiert werden. Feuchtigkeit schädigt die Brut, deshalb sollte ein regensicherer Standort bevorzugt oder die Nisthilfen mit einem kleinen überstehenden und wasserabweisenden Dach geschützt werden.

Damit auch die Frühjahrsarten schon Nistmöglichkeit vorfinden, sollten die Nisthilfen ab Mitte März bezugsfertig sein. Sie werden über viele Jahre genutzt und müssen auch im Winter an ihrem Standort verbleiben. Die Insekten sind frostunempfindlich und würden in warmer Umgebung vorzeitig schlüpfen.

Wildbienen und Einsiedlerwespen sind ortstreu und nisten bevorzugt dort, wo sie auch für ihre eigene Entwicklung optimale Bedingungen vorgefunden haben. So wächst über die Jahre eine artenreiche Kolonie heran und man kann durch Erweitern mit gerade jenen Nisthilfen, bei denen der Wohnraum knapp geworden ist, zum Gedeihen der Kolonie beitragen.

Man sollte die Nistkolonien nicht umsetzen. Dort, wo die Insekten natürlich vorkommen, sind die ökologischen Voraussetzungen ausreichend gut. Ob der neue Standort ähnliche Bedingungen liefert, ist oft fraglich.

Nisthilfen für Hummeln

Nisthilfen für Hummeln

Auch für die Hummeln kann das Nistplatzangebot verbessert werden. So werden Meisenkästen, die schon wärmendes Nistmaterial enthalten, von Wiesen- und Baumhummeln gern angenommen.

Darüber hinaus können für diejenigen Arten, die im Boden nisten, einfache kleine Holzkisten an geschützter Stelle vergraben werden. Wichtig ist nur, daß man die Nisthöhle mit etwas Polstermaterial (z.B. unbehandelte Polsterwolle oder trockenes Moos) anfüllt, vor Feuchtigkeit und Mäusefraß (Drahtgitterboden, Maschenweite kleiner als 1 cm) schützt und den Innendurchmesser des Ausgangs nicht größer als 15 mm macht. Derartige Nisthilfen können in jedem Garten, in Steinbeeten oder Trockenmauern angeboten werden. Sollte eine Hummelkönigin die Nisthilfe bezogen haben, darf das Nest nicht mehr gestört werden. Im Winter sollten die Hummelnester gereinigt und mit neuem Polstermaterial gefüllt werden. Ein einmal genutzter Nistkasten wird häufig auch im nächsten Jahr wieder belegt, da die Jungköniginnen in der Nähe ihres eigenen Geburtsortes nach geeigneten Nistgelegenheiten suchen.

Hummelnistkästen aus Holzbeton können käuflich erworben werden (Schwegler Holzbeton-Hummelnistkasten Modell 86). Nähere Informationen auch zum Bau von „Hummelbeuten" (u.a. Mündener Holznistkasten) sind bei v. Hagen (1990), Hintermeier und Hintermeier 1997 sowie Westrich (1997) zu finden.

Die Ansiedlung von Hummeln ist allerdings nicht immer mit Erfolg gekrönt. Man benötigt schon etwas Erfahrung und vor allem viel Geduld. An dieser Stelle muß darauf hingewiesen werden, daß nach der Artenschutzverordnung es nicht erlaubt ist, Hummeln einzufangen und in eine Nisthilfe zu setzen. Dies Verbot ist auch sinnvoll, da nicht sicher entschieden werden kann, ob die eingefangene Königin nicht schon ein Nest gegründet hat. Ferner ist schwer zu beurteilen, ob eine Nisthilfe schon natürlicherweise angenommen wurde und man durch Hinzufügen einer zweiten Hummel zum Verlust dieser Kolonie beiträgt.

Viel sinnvoller ist es, seinen Garten so zu pflegen, daß er für Hummeln einen idealen Lebensraum darstellt. Hierzu gehören neben einem lückenlosen Nahrungsangebot vom zeitigen Frühjahr (Krokusse, Weiden, Obstgehölze) bis in den Spätsommer/Herbst (Küchenkräuter, Hochstauden etc.), Nistmöglichkeiten (Trockenmauer, Altholzstapel, Laub- und Steinhaufen, Nisthilfen etc.) und Überwinterungsquartiere (z.B. Komposthaufen).

Nichts ist spannender, als durch Beobachten der Tiere die Eingänge zu ihren natürlichen Nestern ausfindig zu machen.

Naturnaher Garten: Lebensraum für Stechimmen

Nur wenn in der näheren Umgebung der künstlichen Nisthilfen ein reichhaltiges Nahrungsangebot erreichbar ist, werden sich die nützlichen Insekten einstellen und es wird von März bis September ein reges Treiben herrschen. Jedoch dort, wo außer sterilen hochgezüchteten Zierpflanzen, uniformen Rasenflächen und versiegelten Oberflächen wenig zu finden ist, hilft auch das Aufstellen von Nisthilfen nichts. Andererseits reichen schon kleinräumige Flächen aus, um eine reiche Insektenfauna beobachten zu können. Bienen- und wespengerecht bepflanzte und gepflegte Gärten, Terrassen oder Balkone können auch schon innerhalb konventioneller Gartenanlagen eine Oase für die gefährdeten Arten darstellen.

Abgestorbener Baum: Ökologisches Gold

Abgestorbene Bäume, Altholz sowie Baumstümpfe und morsche Wurzeln sind keine Fremdkörper in einem Naturgarten, sondern Lebensraum für viele Stechimmen. Viele Bienen nagen ihre Nester ausschließlich in Totholz, andere Arten nutzen die Fraßgänge verschiedener Holzschädlinge. Faltenwespen suchen die morschen Äste auf, um Baumaterial zu gewinnen.

Der auf dem Dia dargestellte, abgestorbene Baum stellt daher einen selten gewordenen, aber um so wertvolleren Lebensraum dar. Er steht vor meinem Büro in einer Streuobstwiese und es freut mich nicht nur, daß hier Wildbienen Nistplätze finden, es erfreut mich auch der gelegentliche Besuch des Buntspechts, der sich an dem reich gedeckten Tisch seinen wohlverdienten Anteil holt.

Im eigenen Garten kann das bei der notwendigen Baum- und Strauchpflege anfallende Altholz an einer geeigneten Stelle über mehrere Jahre lagern. Derartige Totholzstapel stellen als „ökologisches Gold" Lebensraum für viele Nützlinge dar, bieten u.a. auch Brutplätze für Hummeln und Überwinterungsschutz für eine Vielzahl anderer Tiere.

Als gewisser Ersatz können unbehandelte Zaunpfähle angesehen werden. Gerade im ländlichen Bereich begleiten sie Wiesen und Ackerflächen sowie Ufersäume und Waldränder. Wären sie alle aus preiswertem, unbehandeltem Spaltholz gefertigt und nicht aus Beton oder Eisenbahnschwellen, so würde sich ein dichtes Netz wertvoller Kleinstbiotope über die Landschaft breiten, in dem Haeseler allein bis zu 46 Wildbienen- und Wespenarten finden konnte (Haeseler nach Hintermeier und Hintermeier 1997).

Die Riesenholzwespe *(Urocerus gigas)* auf einem Fichtenstamm

Eine zu den Pflanzenwespen (Unterordnung Symphyta) zählende Holzwespe, die Riesenholzwespe *(Urocerus gigas)*, ist der wohl imposanteste Konstrukteur von Wildbienenwohnungen. Die Weibchen erinnern mit ihrer wespenartigen Färbung und imponierenden Größe von bis zu 40 mm an eine Hornisse. Die Riesenholzwespe ist der größte Hautflügler Mitteleuropas. Sie sieht zwar mit ihrem fast körperlangen Legebohrer gefährlich aus, kann aber nicht stechen (Legimmen). Mit diesem Bohrer werden Eier tief in trockenes Fichtenholz gelegt. Hierzu wird der lange Legebohrer tief ins Holz getrieben. Während der Eiablage werden die Holzwespen oft zur leichten Beute von Wespen und Vögeln, da sie wie "angenagelt" nicht entfliehen können.

Die Entwicklung der Larven, die sich vom Nadelholz ernähren, dauert mehrere Jahre. So kommt es nicht selten vor, daß die Holzwespe schlüpft, wenn ihre Larvenwiege zum Möbel geworden ist.

Die verlassenen Fraßgänge der Holzwespenlarven werden später von Wildbienen als Niströhre genutzt.

„Eine Landschaft ohne Bienen ist eine Landschaft ohne Blumen!"

Erdhummel *(Bombus terrestris)* an Silberlindenblüte

Alle Jahre wieder kann man, zur Blütezeit (Ende Juli, Anfang August), vor allem unter einigen isoliert stehenden Silberlinden in großer Zahl geschwächte und sterbende Hummeln beobachten.

Lange vermutete man, daß der Nektar der fremdländischen Linden (Krim- und vor allem Silberlinden) eine für Hummeln giftige Substanz enthalte. Doch der Nektar dieser spätblühenden Lindenarten ist ungiftig (s. Surholt und Baal 1995). Die Insekten sterben, da diese Bäume - trotz nachgewiesen guter Nektarproduktion - das Heer der hungrigen Bienen nicht zufrieden stellen können. In unseren Städten gibt es für sie zur Zeit der Lindenblüte keine ausreichenden Nahrungsquellen mehr. So fliegen vor allem Hummeln aus großer Entfernung zu den meist einzeln gepflanzten Silberlinden. Da die Tiere aber nicht auf andere Trachten ausweichen können, sind sie gezwungen, an den Linden weiter nach Nahrung zu suchen. Schließlich fallen sie in folge Nahrungsmangels ermattet zu Boden und verhungern, wenn sie nicht vorher zur Beute von Vögeln, Wespen oder Ameisen werden.

Kein Garten für Stechimmen

Das Hummelsterben unter Silberlinden ist also ein Beleg dafür, daß in unseren Städten und Dörfern im Spätsommer nicht mehr genügend Nahrungspflanzen blühen. Überall dort, wo wir sterbende Hummeln unter Linden finden, muß eine Verbesserung des Blütenangebots vorgenommen werden.

Gerade die Gärten bieten oft einen trostlosen Anblick für hungrige Stechimmen. Übertriebener Ordnungssinn, aber auch der Wunsch nach möglichst pflegeleichten Gärten, in denen Nadelgehölze überwiegen und sich die Arbeit auf das wöchentliche Rasenschneiden beschränkt, führen zu monotonen, artenarmen Gärten, in denen Stechimmen kein Zuhause finden.

Gefüllte Blüte der Japanischen Zierkirsche

Aber auch der Wunsch nach besonders prächtigen, überladenen Blüten hat in der Pflanzenzucht stets auch gefüllte Formen hervorgebracht. Die gefüllten Blüten dieser Japanischen Zierkirsche sind nektarlos. Die Staubblätter sind zu Blütenblättern „umfunktioniert", die keinen Pollen mehr liefern.

Manche Pflanzen täuschen Blütenreichtum vor und sind doch völlig wertlos. Dies gilt z.B. für die Forsythie *(Forsythia spec.)*, so schön sie ist, so nektarlos ist sie auch. Wer den Frühling in seinen Garten holen will, sollte z.B. auf die Kornelkirsche *(Cornus mas)* ausweichen. Sie wird von Bienen dankend angenommen.

Gefüllte Blüten locken keine Insekten an. Sie tragen auch keine Früchte und Samen, die für Singvögel im Winter wichtige Nahrungsquellen darstellen.

Viele Blütenpflanzen, z.B. Rosengewächse, aber auch Sonnenblumen, Stockrosen oder Astern, stellen wichtige Nahrungsquellen für Stechimmen dar, wenn sie nicht gefüllt sind, werden allerdings vielfach nur als überzüchtete Sorten angeboten.

Der Bienengarten der Universität Bielefeld

Der hier vorgestellte Bienengarten der Universität Bielefeld zeigt einige der Gartenelemente, die von Stechimmen sowohl zur Nahrungssuche als auch als Nistplatz aufgesucht werden:

- ◆ Hochbeet
- ◆ Trockenmauer
- ◆ Altholz
- ◆ sonnenexponierte Sandflächen
- ◆ Staudenbeete
- ◆ Blumenwiese / Trockenrasen

Im besiedelten Bereich sind es vor allem naturnahe Gärten, Parkanlagen und Friedhöfe, die für Stechimmen Lebensräume aus zweiter Hand darstellen. Für einen bienenfreundlichen Garten, in dem nicht nur die Honigbiene, sondern alle Bestäuberinsekten Nahrung und Lebensraum finden, sind folgende Kriterien zu beachten:

- ◆ Vom zeitigen Frühjahr bis in den Spätsommer sollten Blumen blühen.
- ◆ Wildformen sind Zuchtformen vorzuziehen. Auf keinen Fall dürfen Pflanzen mit gefüllten Blüten angepflanzt werden.
- ◆ Ausdauernde und mehrjährige Pflanzen sollten das Grundgerüst der Gartengestaltung sein. Bienen benötigen Kontinuität bei der Nahrungssuche. Die Blütenpracht eines Jahres hilft ihnen im

nächsten Jahr wenig, wenn man andere Pflanzen anbaut. Stauden, Kräuter, Sträucher und Bäume sind daher einjährigen Kulturen weit überlegen.

◆ In einem Bienengarten sind Pflanzenschutzmittel weitgehend überflüssig.

◆ Ein Bienengarten kennt keine Unkräuter. Er kennt nur Pflanzen, die Bienen interessieren und solche, die Bienen "langweilen". Vielerorts können Wildkräuter geduldet werden.

◆ Golfrasen ist kein Trachtgebiet für (Wild-)Bienen, "Bienenwiesen" dagegen um so mehr. Hier blühen u.a. Krokusse, Gänseblümchen, Ehrenpreis, Storchschnabel, Veilchen, Löwenzahn, Hahnenfuß, Klee oder Habichtskraut, um nur einige wenige Arten zu nennen, die auch einen regelmäßigen Schnitt vertragen.

◆ Bei immergrünen Arten und Bodendeckern müssen es nicht Nadelgehölze sein, es gibt vielfältige Möglichkeiten, bienenfreundliche Lösungen zu finden. Ligusterhecken z.B. blühen wunderschön, wenn man sie nicht zu oft schneidet.

◆ An dieser Stelle soll ganz bewußt auf die Nennung bestimmter Bienenweidepflanzen verzichtet werden. Jeder mag nach seinem Geschmack und nach den Gegebenheiten seines Gartens entscheiden. Man wähle das aus, was am besten gedeiht. Eine Pflanze ist dann gut, wenn man Bienen oder andere Insekten an ihr sammeln sieht. Nähere Informationen zur Verbesserung der Bienentracht können bei den Bieneninstituten erfragt werden (s. auch Hintermeier und Hintermeier 1997, Westrich 1990 sowie aid-Hefte im Anhang).

Sandhang im Naturschutzgebiet „Rütterberg Nord"

Bienen und Wespen sind wärmeliebende Insekten, sie bevorzugen offene, besonnte und trockenwarme Lebensräume. Der hier gezeigte Sandhang vereinigt einige wichtige Elemente eines idealen Hautflügler-Lebensraumes.

Es sind nicht nur naturbelassene, sondern oft auch ausgesprochen "naturfremde", künstliche Standorte, wie die im Bild gezeigte Sandabgrabung im NSG "Rütterberg Nord" (NRW). Oft reichen den Stechimmen schon kleinräumige Strukturen zur Nestanlage oder zur Nahrungsbeschaffung aus. Brachen, Streuobstwiesen, Feldraine, Wegränder sowie Ufer- oder Waldsäume stellen oft blühende Netzwerke zwischen den Lebensräumen dar und bieten Bienen einen gedeckten Tisch. Nähere Informationen zu den Lebensraumansprüchen der Stechimmen sind bei Westrich (1997) und Hintermeier und Hintermeier 1997 nachzulesen.

Bienenschutz und Pflanzenschutz

Pflanzenschutzmaßnahme im Raps

Nach der Verordnung über die Anwendung bienengefährlicher Pflanzenschutzmittel (Bienenschutzverordnung) dürfen solche Pflanzen, die von Bienen beflogen werden oder an denen sich auch nur eine Blüte geöffnet hat, nicht mit „bienengefährlichen Pflanzenschutzmitteln" behandelt werden. „Bienenungefährliche Pflanzenschutzmittel" dagegen dürfen an diesen Pflanzen auch während der Flugzeiten der Biene ausgebracht werden.

Der Bewertung der Pflanzenschutzmittel bezüglich ihrer Auswirkungen auf die Honigbiene liegt ein umfangreiches und komplexes Prüfverfahren zugrunde, das in den 70er Jahren für alle Pflanzenschutzmittel Pflicht wurde (s. auch aid 1096/1996: Schützt und fördert die Bienen). Für die Bewertung eines Mittels ist nicht dessen Giftigkeit allein ausschlaggebend, sondern die Klassifizierung erfolgt über eine Bewertung der Gefährdung von Honigbienenvölkern nach Anwendung unter praxisnahen Bedingungen. Letztendlich wird gefragt, ob im Freiland Beeinträchtigungen der Honigbienenvölker beobachtet werden können, ob diese für die Volksentwicklung tolerierbar sind, und ob mögliche Flugbienenverluste z.B. durch vermehrte Bruttätigkeit kompensiert werden können.

Wollbiene schlafend in Blüte

So ist durch die Bienenschutzverordnung zwar die Imkerei vor wirtschaftlichen Verlusten abgesichert, doch kann ein Schutz für Wildbienen aus dieser Verordnung nicht hergeleitet werden, obwohl dies in der Begründung zu dieser Verordnung ausdrücklich erwähnt wird (Zornbach 1992). Wildbienen nisten z.B. in Obstbeständen, die außerhalb der Blütezeit mit bienengefährlichen Mitteln behandelt werden. Sie übernachten in Blüten wie diese Wollbiene, die der Fotograf schlafend in einer Salbeiblüte überrascht hat. Von Hummeln weiß man, daß bis zu 15 % der Tiere die Nächte außerhalb des Nestes verbringen.

Ein Bienenvolk, welches ca. 40 000 Individuen zählt, kompensiert einen Bienenverlust wesentlich leichter als ein Hummelvolk mit max. 600 Tieren. Bei Einsiedlerbienen, die über keine Arbeiterkaste verfügen, werden quasi „Königinnen" gefährdet.

Folgendes Rechenexempel mag in einer sicher groben Vereinfachung den Grundgedanken verdeutlichen: Beträgt die Wertigkeit einer Sammelbiene für ein Bienenvolk etwa „1/40 000", so beträgt sie für Hummelarbeiterinnen (max.) „1/600", für sammelnde Hummelköniginnen und Einsiedlerbienen ist sie gleich „1"!

Aus diesen Überlegungen heraus versteht es sich von selbst, daß der Einsatz auch von bienenungefährlichen Pflanzenschutzmitteln in einem bienenfreundlichen Garten auf das Mindestmaß zu beschränken ist, ja weitgehend zu unterbleiben hat.

Bezugsquellen für Nisthilfen

Hohlstrangfalzziegel:
Dachziegelwerke Max Jungmeier: Landshuterstr. 130, 94 315 Straubing; Tel.: 09421/5007-3621, oder über den Dachdeckerfachhandel;
Preis: Stück ca. 1,– DM

Aufklappbare Nestgänge und Nisthilfen aus gebranntem Ton:
Volker Fockenberg: Heimersfeld 77, 46 244 Kirchhellen; FAX: 02045 / 84422;
Preise: Nistholz ca. 5,– DM, Niststein ca. 25,– DM

Nisthilfen, Hummelkästen und Hornissenkästen:
Schwegler -Vogelschutzgeräte - und Naturschutzprodukte GmbH, Heinkelstr. 35, 43 614 Schorndorf; Tel.: 07181/5037;
Preise: Nisthilfen ab 27,– DM; Hummelkästen ab 136,– DM, Hornissenkasten: ca. 146,– DM

Beobachtungskasten für Wildbiennennester (Freilandlabor Dönche):
Schulbiologiezentrum des Landkreises Marburg-Biedenkopf,
Am Freibad 19, 35 216 Biedenkopf, Tel.: 06461/9518-50

Literatur

Barth, F.G.: Biologie einer Begegnung: Die Partnerschaft der Insekten und Blumen, Deutsche Verlagsanstalt, Stuttgart 1982
Bellmann, H.: Bienen, Wespen, Ameisen, (Kosmos-Naturführer) Franckh'sche Verlagshandlung, Stuttgart 1995
Chinery, M.: Pareys Buch der Insekten, Parey, Hamburg und Berlin 2. Auflage 1993
Geiser, F.: Wildbienen, Landbuch, Hannover 1988
Frisch, K. von: Aus dem Leben der Bienen, Springer-Verlag, Berlin, Heidelberg, New York 10. Auflage 1993
Hagen, E. v.: Hummeln bestimmen – ansiedeln – vermehren – schützen, Naturbuch-Verlag, Augsburg, 4. überarb. Aufl. 1994
Heinrich, B.: Der Hummelstaat, List, München, Leipzig 1994
Hess, D.: Die Blüte, Ulmer, Stuttgart 1983
Hintermeier, H. und Hintermeier, M.: Bienen, Hummeln, Wespen im Garten und in der Landschaft, Obst- und Gartenbauverlag, München 1997
Lindauer, M.: Verständigung im Bienenstaat, Fischer Verlag, Stuttgart 1975
Ripberger, R. und Hutter, C.-P.: Schützt die Hornissen, Weitbrecht, Stuttgart und Wien, Nachdruck 1997
Ruttner, F.: Naturgeschichte der Honigbienen, Ehrenwirth, München 1992
Seeley, T.D.: Honigbienen: Im Mikrokosmos des Bienenstocks, Birkhäuser, Basel, Boston, Berlin 1997
Müller, A., Krebs, A. und Amiet, F.: Bienen: Mitteleuropäische Gattungen, Lebensweise, Beobachtung, Naturbuch-Verlag, Augsburg 1997
Steinbach, G.v.: Werkbuch Naturschutz, Kosmos, Franckh'sche Verlagshandlung, Stuttgart 1988
Surholt, B. und Baal, Th.: Die Bedeutung blühender Silberlinden für Insekten im Hochsommer, Natur und Landschaft 70 (6), 252-258, 1995
Westrich, P.: Die Wildbienen Baden-Württembergs, Teil I und II, Ulmer, Stuttgart, 2. Aufl. 1990, vergriffen, Neuauflage in Vorbereitung
Westrich, P.: Wildbienen am Haus und im Garten, Arbeitsblätter zum Naturschutz 22, Landesanstalt für Umweltschutz Baden-Württemberg, Bibliothek, Griesbachstr. 1-3, 76 185 Karlsruhe, 1997
Witt, R.: Wespen, beobachten, bestimmen, Naturbuch-Verlag Augsburg 1998
Zornbach, W.: Neue Bienenschutzverordnung, aid Informationen, Arbeitsunterlagen für Berufsbildung und Beratung, Nr. 34, 12. August 1992

aid-Medien

Biologische Schädlingsbekämpfung

Die biologische Schädlingsbekämpfung gewinnt als ein Teil des integrierten Pflanzenschutzes immer stärker an Bedeutung. Grundsätzlich können in Landwirtschaft, Gartenbau und Weinbau die natürlichen Gegenspieler der Schädlinge zu deren Bekämpfung genutzt werden. Der erfolgreiche Einsatz der biologischen Verfahren setzt jedoch voraus, daß der Anwender genaue Kenntnisse von der Biologie der Schädlinge und Nützlinge hat. Das Heft stellt die zur Zeit lieferbaren Nützlinge und deren Einsatzmöglichkeiten vor. Außerdem werden für viele Schädlinge im Freiland und unter Glas Kombinationen zum Einsatz von Nützlingen, mikrobiologischen Präparaten u.a. beschrieben.
Heft, 64 Seiten, Bestell-Nr. 1030 , ISBN 3-89661-364-4

Die Bilder des Heftes „Biologische Schädlingsbekämpfung" sind beim aid als gleichnamige Diaserie zu beziehen.
Diaserie, 64 Dias u. Heft 1030, Bestell-Nr. 7176, ISBN 3-89661-480-0

Wegränder – Bedeutung – Schutz – Pflege

Die Seitenstreifen des landwirtschaftlichen Wegenetzes bedecken in den alten und neuen Bundesländern eine Fläche von 65.000 ha. Sie sind etwa 325.000 km lang und durchschnittlich 1 m breit. Das aid-Heft „Wegränder - Bedeutung - Schutz - Pflege" informiert umfassend über die ökologische Bedeutung der Wegränder. So haben die Randflächen eine wichtige Funktion als Deckung, Nahrungs-, Wohn-, Nist-, Brut- und Überwinterungsplätze für eine Vielzahl von Tier- und Insektenarten. Neben den gesetzlichen Verordnungen, die es hinsichtlich des Wegrandes zu beachten gilt, wird Wissenswertes über Gestaltung und Pflege dargestellt. Notwendiges aus der Sicht des Verkehrsexperten und eine weiterführende Literaturliste sowie ein Poster schließen das Heft ab.
Heft mit Poster, 64 Seiten, Bestell-Nr. 1261, ISBN-Nr. 3-89661-490-8

Die Blumenwiese als Lebensgemeinschaft

Die fortgesetzte Bebauung von Freiflächen und die damit verbundene Vernichtung von Lebensräumen führen zur Ausrottung bzw. zum Rückgang von Tier und Pflanzenarten in Städten und Dörfern. Das Heft „Die Blumenwiese als Lebensgemeinschaft" zeigt anhand vieler Beispiele auf, wie Rasenflächen wieder in Blumenwiesen rückverwandelt und Blumenwiesen neu angelegt werden können. Es werden Artenmischungen vorgestellt, die auch langfristig einen hohen Anteil blühender Kräuter aufweisen. Außerdem werden Pflegemaßnahmen vorgestellt, die die Artenvielfalt der Blumenwiesen langfristig erhalten helfen.
Heft, 52 Seiten, Bestell-Nr. 1155, ISBN 3-89661-222-0

aid-Medien

Heil- und Gewürzpflanzen aus dem eigenen Garten

Die wohltuende Wirkung von Kamille, Pfefferminze und vielen Kräutern mehr ist seit altersher bekannt.
Das Heft beschreibt neben den verschiedenen Varianten von Kräutergärten die zu ihrer Pflege erforderlichen Anlage- und Kulturarbeiten. Darüber hinaus werden die vielfältigen Verwertungsmöglichkeiten, beispielsweise im Rahmen einer Duftkräutertherapie, und verschiedene Konservierungsverfahren erläutert. Das Kernstück des Heftes bildet eine botanische Beschreibung der wichtigsten mit Photos illustrierten Heil- und Gewürzpflanzen, einschließlich ihrer Heilwirkung und ihrer Verwendungsmöglichkeiten.
Heft, 52 Seiten, Bestell-Nr. 1192, ISBN 3-89661-514-9

Freude an Stauden

Stauden kommt in der Gartengestaltung eine große Bedeutung zu. Sie sind Bindeglied zwischen den ein- und zweijährigen Blumen und Gehölzen. Für die Insektenwelt stellt die Blütenvielfalt ein großes Nahrungsangebot dar. Durch geschickte Gestaltung und Kombination unterschiedlicher Stauden - passend zu den verschiedenen Jahreszeiten - wird der Garten zu einem Lebensraum für Mensch und Tier.
In dem aid-Heft „Freude an Stauden" findet der Leser eine Einführung in die Artenvielfalt und in die unterschiedlichen Lebensbereiche der Stauden. Tips zur Pflanzung und Pflege runden die Informationen ab.
Heft, 36 Seiten, Bestell-Nr. 1236, ISBN 3-89661-253-0

Streuobstwiesen schützen

Was sind Streuobstwiesen? Wie sind sie entstanden und welche Bedeutung haben sie heute? Diese und viele andere Fragen beantwortet Prof. Dr. Friedrich Weller, Ravensburg. Gebiete mit Streuobstbau gehören zu den schönsten Kulturlandschaften Mitteleuropas. Zudem haben Streuobstwiesen eine ausgleichende Wirkung auf das örtliche Klima, tragen zur Windbremsung bei, filtern Schadstoffe aus der Luft und zeichnen sich durch großen Artenreichtum aus. Deswegen sollen diese Landschaften erhalten bleiben, auch wenn sie als unwirtschaftlich gelten und für Intensivkulturen nicht geeignet sind. Welche Pflegemaßnahmen unerläßlich sind und welche Obstsorten sich eignen wird ebenso erörtert wie die Möglichkeiten, die der Einzelne hat, um Streuobstwiesen erhalten zu helfen. Eine weiterführende Literaturliste, ein Poster "Lebensraum Streuobstwiese" mit einigen Streuobstsorten und Hinweise auf Förderungsinitiativen runden das Heft ab.
Heft mit Poster, 24 Seiten, Bestell-Nr. 1316, ISBN 3-89661-289-1

Biotope und Habitate im Dorf

Teil 1: Lebensräume
Die Diaserie will auf noch vorhandene, teils aber bereits selten gewordene Lebensräume im Dorf aufmerksam machen und den Blick des Betrachters/der Betrachterin dafür schärfen, was sich an Leben, z.B. an einer Mauer oder in einem Garten, abspielt oder bei entsprechender Gestaltung abspielen könnte. Hierzu werden verschiedene Biotope (Lebensräume für Pflanzen und Tiere) und Habitate ("Wohnadressen" im Dorf und rund um das Dorf vorgestellt. Abschließend werden beispielhaft einige Ursachen für den Biotop- und Artenschwund im Dorf gezeigt.
Diaserie, 48 Dias und Begleitheft, Bestell-Nr. 7172, ISBN 3-89661-212-3

Teil 2: Tiere und Pflanzen
Die Diaserie will beispielhaft einige Tiere und Pflanzen entsprechend den beschriebenen Lebensräumen (Diaserie: Biotope und Habitate im Dorf, Teil 1; Bestell-Nr. 7172) vorstellen. Es werden auch Hinweise zu Lebensgewohnheiten bzw. Standortansprüchen der einzelnen Tier und Pflanzenarten gegeben. Daraus lassen sich die unterschiedlichsten Möglichkeiten erkennen, um einem Arten- und Biotopverlust entgegenzuwirken.
Diaserie, 24 Dias und Begleitheft, Bestell-Nr. 7173, ISBN 3-89661-211-5

Begleitheft: Teil 1: Lebensräume, Teil 2: Tiere und Pflanzen
Das Heft ist als Begleitheft zu den beiden Teilen der Diaserie konzipiert. Die Beschreibungen der einzelnen Bilder sind zum Teil sehr umfangreich ausgefallen, so daß man dieses Heft auch als kleines Nachschlagewerk für den Arten- und Biotopschutz sehr gut verwenden kann.
aid-Begleitheft, 52 Seiten, Bestell-Nr. 3360, ISBN 3-89661-213-1

Anlage und Pflege von Obstwiesen

Obstwiesen sind landschaftsprägende und belebende Elemente unserer Kulturlandschaft. Viele Dörfer waren traditionell von diesen Wiesen umgeben. Mit der Intensivierung der Landwirtschaft erwies sich dieser Obstbau althergebrachter Art jedoch als unwirtschaftlich und nicht mehr konkurrenzfähig. Heute entdeckt man den Wert der Bäume und Wiesen wieder - als landschaftsprägende Elemente, als Lebensräume für wildlebende Tiere und Pflanzen, als Orte der Erholung und nicht zuletzt als Lieferanten von Obst für die Verwertungsindustrie mit großer Sortenvielfalt.
aid-Begleitheft, 32 Seiten, Bestell-Nr. 3190, ISBN 3-89661-264-6
Diaserie, 48 Dias und Begleitheft, Bestell-Nr. 7150, ISBN 3-89661-101-1

Bestellung

aus Deutschland: aid, Konstantinstraße 124, D-53179 Bonn, Fax: (02 28) 9 52 69 52, E-Mail: aid@aid.de
aus Österreich und Sütirol: ÖAV, Sturzgasse 1a, A-1141 Wien, Tel.: (Wien) 98118-2 22, Fax: -2 25, E-Mail: buch@agrarverlag.at
aus der Schweiz: Qualisan Institut, CH-1784 Courtepin/FR, Tel.: 0 26-6 84 27 25, Fax: -26, E-Mail: biodeco@bluewin.ch

Firma _____ Kunden-Nr. (falls vorhanden) _____

Name _____

Straße/Postfach _____

PLZ/Ort _____

Telefon _____ Fax _____ E-Mail _____

Ich (Wir) bestelle(n) für einen **Mindestauftragswert von 10,00 DM** zuzüglich Porto und Verpackung gegen Rechnung (Angebotsstand: November 1998):

Best.-Nr.	Titel	Medium	Anzahl	Einzelpreis DM	Gesamtpreis DM
1030	Biologische Schädlingsbekämpfung	Heft		4,00	
7176	Biologische Schädlingsbekämpfung	Diaserie		108,00	
1261	Wegränder – Bedeutung – Schutz – Pflege	Heft		5,00	
1155	Die Blumenwiese als Lebensgemeinschaft	Heft		3,00	
1192	Heil- und Gewürzpflanzen aus dem eigenen Garten	Heft		4,00	
1236	Freude an Stauden	Heft		2,00	
1316	Streuobstwiesen schützen	Heft		1,00	
7172	Biotope und Habitate im Dorf, Teil 1	Diaserie		84,00	
7173	Biotope und Habitate im Dorf, Teil 2	Diaserie		48,00	
3360	Biotope und Habitate im Dorf	Begleitheft		3,00	
7150	Anlage und Pflege von Obstwiesen	Diaserie		84,00	
3190	Anlage und Pflege von Obstwiesen	Begleitheft		2,00	
3385	Streuobstwiesen erhalten und pflegen	CD-ROM		49,50	
1096	Schützt und fördert die Bienen	Heft		1,00	
1097	Imker im Dienste der Umwelt	Heft		1,00	
				Auftragswert	

Die jeweils gültigen Lieferbedingungen und Rabattstaffeln (ab 20 Exemplaren) finden Sie in den aktuellen Bestell-Verzeichnissen, die wir Ihnen gerne zusenden.
Für Österreich, Südtirol und die Schweiz gelten gesonderte Lieferbedingungen.

Bitte senden Sie mir (uns) außerdem kostenlos und unverbindlich:

☐ **aid-Bestell-Verzeichnisse**   ☐ **aid-Medienkatalog**
(erscheinen monatlich)   (erscheint jährlich)

Datum _____   Unterschrift _____